'알고리즘'을 알아야
세상이 보인다

유튜브
트렌드
2020

김경달, 씨로켓리서치랩 지음

콘텐츠, 유튜브에서 길을 찾다

먼저 이 책의 활용법 4가지를 제안한다. 굳이 4개 파트를 순서대로 읽을 필요는 없다. 필요한 부분을 찾아 건너뛰며 읽어도 불편함이 없게끔 구성했다.

1. 도대체 왜 다들 유튜브를 말할까?
유튜브에 대한 기본적인 이해

아침에 눈을 떠서 밤늦게 잠들 때까지 스마트폰을 끼고 사는 모바일 시대다. 대부분 연령대에서 가장 많이 쓰는 모바일 앱이 유튜브다.

음악과 영상, 검색 및 뉴스, 커뮤니티, 광고와 마케팅, 그리고 커머스 등 다양한 영역에서 유튜브가 얼마큼 영향력이 큰지 살펴본다. 소위 '가짜뉴스'로 불리는 허위조작정보 논쟁과 알고리즘 이슈가 어떻게 연관되는지에 관한 설명도 곁들였다. 편집자는 첫 번째 파트를 '유튜브 개론'이라고 불렀다.

2. 요즘 트렌드는?
유튜브를 통해 살펴본 트렌드 키워드 9개

유튜브는 하나의 세상이다. 현실과 맞닿은 오묘한 현상과 문화적 장면들이 매일 벌어진다. 그 흐름을 몇 가지 맥락으로 정리해본 내용이 두 번째 파트에 담겨 있다. 관통하는 키워드는 알고리즘(ALGORITHM)이다. 중의적 의미다. 알고리즘 자체도 중요하지만, 9개 스펠링을 따서 핵심 키워드를 뽑았다.

'온라인 탑골공원'으로 불리는 '추억의 방송영상 소환 현상'은 'Recall'로 명명했다. 이전에 TV를 바보상자라고 불렀던 현상이 이젠 유튜브를 통해 보인다. 이는 '바보상자의 귀환'으로 풀이하는 식이다. '어그로'와 'GXWM' 등의 키워드는 한번쯤 들어봤지만 정확한 의미를 모를 수 있다. 한번 확인해보자.

3. 요즘 뜨는 유튜브 채널, 어떤 게 있나
주목할 만한 채널 77개 소개

갑자기 떠오르는 '미디어 스타'가 늘고 있다. 유튜브라는 대중적 플랫폼 덕분이다. 누구나 콘텐츠를 매개로 사람들과 소통하며 인기를 얻을 수 있다. '과나'란 크리에이터는 '돼고비(돼지고추장비빔국수)' 요리를 하면서 랩과 음악을 자유롭게 덧붙이며 요즘말로 '찢어버리는' 영상을 올린다. '아이언맨의 장갑'과 '알라딘의 양탄자'를 직접 만드는 공학도들의 채널 '긱블(Geekble)'도 있다. 정말 다양하다.

돈 이야기하는 '신사임당'이 있고 '유튜브판 혜은이'로 불리는 '요요미'도 있다. 텐션 높은 한예슬이 있고, 교통사고 조언하는 한문철 변호사도 있다. 몇 달간 여러 그룹에서 추천 채널을 받으며 조사한 뒤 77개를 엄선했다.

4. 유튜브를 잘 활용해보고 싶은데, 어떻게 하면 좋을까?
전문가 대담

마지막 파트는 강정수 박사와 함께 전문가 대담으로 정리했다. 유튜브의 성공방정식에 대한 질문과 대답을 비롯해, 기업 마케터 입장에서 혹은 공공기관에서 유튜브 등 소셜채널 운영하는 분이 참고하면 좋을 조언도 담겨 있다. 벌써 '넥스트 유튜브'를 거론하는 분들도 있는데, 이와 관련한 의논도 포함했다. 책 말미에 덤으로 특별부록이 있다. 2018년부터 매년 진행 중인 '씨로켓 컨퍼런스' 발표자들의 핵심 메시지를 발췌했다.

"미디어는 접점(touchpoint)이다"

종종 특강을 할 때, 빼놓지 않고 강조하는 문장이다. 신문은 충성독자가, 방송은 열혈시청자가 많을수록 영향력 있고 강한 미디어라 하겠다. 반대로 이용자 접점이 약해지면 곧 위기를 맞는다.

디지털 혁명으로 불리는 인터넷의 상용화 이후, 웹을 거쳐 스며들 듯 일상화된 모바일 시대를 지나고 있다. 변화의 폭풍 속에서 기존 접점은 헐거워지고 새로운 접점이 쉽게 생겨난다. 유튜브는 그 변화 속에서 새로운 접점의 쏠림 현상을 일으킨 대표적 서비스 중의 하나다. 네이버의 지식iN이 텍스트 기반의 대표적 C2C 서비스(Customer to Customer, 이용자 간의 직접 소통을 통한 서비스)라면 유튜브는 동영상 기반의 대표적 C2C 플랫폼이다.

내가 유튜브를 처음 접한 건 2006년 봄이었다. 당시 포털 다음

(Daum)에서 TF를 꾸려 동영상 서비스를 준비하던 무렵이었다. "요즘 미국에서 유튜브라는 스타트업이 만든 서비스가 있는데, '동영상은 유튜브'라는 인식을 낳고 있다"는 얘기였다. 조금 지나 구글이 신생 서비스인 유튜브를 어마어마한 금액으로 인수했다는 뉴스까지 들렸다. 당시 구글의 행보는 내게 이용자 접점에 대한 기본적인 문제의식을 갖게 해주었다.

유튜브에 대한 관심은 그때부터 지금까지 꾸준히 이어지고 있다.

네이버(Naver)에서 스마트 TV에 대한 포털의 대응책을 고민하는 TF를 맡았을 때도 유튜브를 열심히 들여다보았다. 당초 가전사의 하드웨어(TV)와 방송사의 콘텐츠, 포털의 검색서비스 결합이 중요 프로젝트로 상정됐지만 여러 이유로 유보됐다. 그 대신, 단말이 스마트해지면서 유튜브와 같은 서비스가 이용자 사용환경에 더 어울리며 중요성이 커질 것이란 인식을 갖게 되었다.

한 미디어회사의 경영진 워크샵에서 특강을 한 적이 있다. 당시 "도대체 디지털 시대의 어떤 변화가 우리를 힘들게 만들었을까?"라는 질문이 나왔다. 유튜브로 대변되는, 모바일 환경에 걸맞은 미디어 서비스의 특성과 이용자 접점의 변화에 대해 얘기하자 고개를 끄덕이는 이가 많았다.

어느 대기업의 커뮤니케이션 담당 임원의 미팅 요청을 받았다.

CEO가 임원회의에서, "요즘 유튜브가 대세라는데, 우리는 어떻게 하고 있나요?"라고 한마디 하면서 비상이 걸렸다고 한다. 협업 프로젝트를 진행하는 과정에서 그 회사가 '유튜브 예산'을 처음으로 배정했다는 소식을 들었다. 또 다른 한 기업에선 커뮤니케이션 부서에 유튜브 팀을 신설했다고 한다. 공공기관에서도 디지털소통팀이 생겼고 유튜브 중심의 제작 및 운영 업무가 주요 과제로 떠올랐다.

이와 같은 일련의 움직임들은 유튜브를 향한 사회적 관심을 반영한다. 다만 이는 유튜브 서비스 자체에 대한 관심을 넘어 강력한 이용자 접점에 대한 당연한 관심으로 이해할 수 있다.

유튜브 트렌드 책을 준비하면서 씨로켓리서치랩 동료(김창환, 전환태, 최광백, 정해빈) 및 NTP 식구들과 함께 다양한 채널의 콘텐츠를 수집, 분석하며 토론했다. 힘들었지만 의미가 컸다. 이은콘텐츠 황윤정 대표의 추진력 덕분에 책이 나올 수 있었다. 가족과 함께 모두에게 감사하다.

이 책이 유튜브로 대변되는 모바일 시대, 미디어 환경 변화는 물론, 나아가 생생한 이용자 접점의 현장에 대한 이해를 높이는 데 조금이라도 도움이 되기를 바란다.

오래된 미래, 2020년을 맞이하며
김경달

PART 1. 유튜브, 모바일 시대 포털로 도약하다

PART 2. 2020 유튜브 9대 트렌드, ALGORITHM을 주목하라

contents

PART 3. 2020년 주목해야 할 대한민국 유튜브 크리에이터 77

PART 4. 넥스트 유튜브를 전망하다

<특별부록> 씨로켓 컨퍼런스, 모바일 콘텐츠의 방향을 찾다

미디어는 늘 변화 발전하며, 그 속도는 점점더 우리들이 따라잡기 힘들 정도이다. 겨우 따라잡았다 싶으면 새로운 미디어가 천하를 호령하고 있다. 스마트폰이 사람들의 생활 속에 깊숙이 자리잡으면서 모바일 시대의 새로운 포털에 사람들은 관심을 기울이고 있다. 그 대표적인 미디어로 '유튜브'가 자리 잡았다.

동영상 공유 사이트에서 시작한 유튜브는 현재 궁금한 모든 것을 검색해볼 수 있는 포털이자, 방송국과 음악플랫폼의 대체재로 점점 더 강력하게 영향력을 뻗어가고 있다. 아니, 이미 유튜브의 영향력은 모든 미디어를 앞섰다. 2020년 살펴봐야 할 단 하나의 미디어를 꼽으라고 한다면 단연코 '유튜브'를 꼽을 것이다. 모바일 시대의 유튜브의 변화. 어디서부터 어디까지인지 살펴보자.

PART 1. 유튜브, 모바일 시대 포털로 도약하다

"화장실에서도 TV를 보는 시대입니다."

가끔 외부 특강 나가면 모바일 시대를 이렇게 설명한다. 멀리서 (Tele) 보는 도구(Vision)를 말하는 TV는 모바일 시대 이전까지 거실이나 안방에 고정돼 있었고 그 앞으로 사람들이 모여들었다. 그런데 모바일 시대, 사람들의 손과 주머니에 들어가 언제 어디서나 호출에 응답하는 스마트폰이야말로 진정한 TV시대를 열었다고 말이다.

미디어 지형도의 변화가 빠르고 급격하다. 인터넷의 등장과 함께 웹 기반의 디지털 시대가 됐나 싶었는데 바로 '모바일'이라는 거센 파도가 밀려왔다. 모바일 시대의 대명사라 할 스마트폰이 열어젖힌 새로운 TV시대. 현재 그 중심부를 꿰찬 맹주가 있다. 바로 '유튜브'다.

2005년 동영상 공유사이트로 시작한 유튜브는 이제 무엇이든 궁금한 것을 검색해볼 수 있는 검색 엔진이자(구글에 이어 세계 2위 검색 서비스다) 음악을 비롯한 다양한 콘텐츠 서비스 플랫폼으로 거듭나고 있다. 아울러 창작자와 구독자가 콘텐츠를 매개로 서로 소통하는 커뮤니티 플랫폼으로도 진화해가고 있다. 미디어 커머스와 콘텐츠 마케팅의 열풍 속에 쇼핑과 광고 산업을 혁신시켜가는 소셜 플랫폼 가운데 중요한 선도자이기도 하다.

한때 미래시대의 표상처럼 일컬어지고 다양한 전망의 기점이 되었던 2020년이 이제 현재로 다가왔다. 미디어 지형도상으로 볼 때는 모바일 시대의 초기를 지나 성숙기에 접어들고 있다는 평도 있다. 하지만 아직까지는 과거와 현재와 미래가 혼란스럽게 섞여있는 과도기이자 전환점의 특성이 더 강하게 나타나는 것 같다. 이용자 헤게모니가 강력해졌고 그만큼 새로운 접점의 질서 찾기가 더욱 중요해졌다. 새로운 소비층을 어떻게 만들어낼 것인지, 나만의 충성 구독자를 어떻게 갖는지에 따라 미디어의 성패가 갈리고 있기 때문이다.

미디어(Media)는 접점(Touchpoint)이다. 이용자 접점을 만들고 유지하고 확장해가는 것, 모든 미디어들이 지향하는 바이다. 이용자 (시청자/구독자)가 많고 자주 접할수록, 즉 그 접점이 넓고 단단할수록 강한 미디어다. 유튜브는 국가 간 장벽도 허물며 드넓은 이용자 기반을 확보해가고 있다. 더불어 소통형 서비스 특성을 통해 공고한 접점을 형성하고 있다. 2020년 현재, '세계적으로 최고의 영향력을 발휘하는 미디어가 유튜브다'라고 말할 때, 누가 아니라고 할 수 있을까.

모바일 시대, 포털로 약진중인 유튜브. 일상 속에서 쉽게 접하는 서비스라서 대부분 친숙하게 느끼고 잘 안다고 여긴다. 하지만 모바일 시대를 견인하고 있는 유튜브는 마치 수면 아래의 빙산처럼 그 토대가 무척이나 드넓다. 깊이 살펴봐야 할 이유다.

포털 & 유튜브: 유튜브, 모바일 시대의 포털이 되다

네이버와 다음은 대표적인 인터넷 포털(Portal) 서비스다. 포털은 무엇일까? 포털의 정체성과 관련하여 시장획정(Market Definition)은 어렵고 논란이 많지만 통상적으로 1S+4C로 규정하는 게 현실이다. 포털의 구성을 간단한 도식으로 표현하면 다음과 같다.

포털(Portal)= 1S + 4C

S는 Search, 검색을 말한다. 4C는 커뮤니케이션(Communication), 커뮤니티(Community), 커머스(Commerce), 콘텐츠(Content)를 뜻한다.

네이버를 예로 들어보자. 네이버는 유명한 녹색창 검색서비스를 통해 이용자들이 다양한 정보를 찾아볼 수 있게 한다. 메일 서비스는 사용자 간의 커뮤니케이션을 도와준다. 네이버 카페는 관심사를 기반으로 다양한 사람들이 모이는 온라인 커뮤니티의 강력한 근간이 되는 서비스다. 네이버 지식쇼핑을 필두로 한 다양한 커머스 서비스는 네이버페이와 결합하여 강력한 e-커머스 사업자로서 네이버의 위상을 튼튼하게 떠받치고 있다. 콘텐츠 서비스는 뉴스 및 블로그 중심에서 네이버TV와 V live(브이 라이브) 같은 동영상과 오디오클립 등 폭 넓고 다양한 콘텐츠 영역으로 확장중이다.

포털은 5가지의 킬러 서비스를 통해 공고한 이용자 접점을 구축하고 이를 기반으로 플랫폼 파워를 유지 및 강화하며 지속적으로 수익을 창출하는 서비스라고 할 수 있다.

모바일 시대 포털 시장에는 어떤 변화가 있을까. 앞으로 살펴보겠지만 음악영역에서 유튜브가 강력한 대항마로 떠올랐듯이 포털시장에서도 유튜브의 영향력이 커지지 않았을까? 검색과 콘텐츠, 커뮤니티, 커뮤니케이션, 커머스 등 포털의 요소를 하나하나 대입해서 살펴볼 때 충분히 체감할만한 변화가 보였다. 그렇다. 유튜브는 모바일 시대 포털로 약진중이었다. 1장에서는 그 이유를 분야별로 하나씩 짚어보려고 한다.

유튜브앱, 사용량 1위를 차지하다

유튜브 앱은 최근 2년 동안 사용량이 3배 이상 증가했다. 국내 모바

▼ 최근 4년간 유튜브 사용량 증가 속도
(자료 출처: 메조미디어, 와이즈앱,국내 안드로이드폰 표본 조사)

(단위: 억 분)

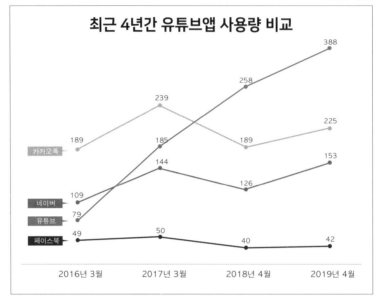

최근 4년간 유튜브앱 사용량 비교

일 앱 사용시간에서 카카오톡과 네이버, 페이스북을 눌렀다. 특히 유튜브는 2017년에서 2018년으로 넘어오면서 모바일에서 가장 사용량이 많았던 카카오톡 앱을 제친 후 부동의 1위를 고수하고 있다. 이 시기에는 다른 앱들의 사용량이 하강 곡선을 그리는 만큼 유튜브의 사용곡선이 상향 곡선을 그리는 걸 쉽게 확인할 수 있다.

이전의 다른 서비스와 달리 유튜브는 젊은 층뿐만 아니라 전 세대에서 가장 많이 쓰는 앱이 된 점도 특이하다. 특히 2019년 와이즈앱이 발표한 '국내 안드로이드 스마트폰 이용자의 세대별 이용 현황'

▼와이즈앱, 안드로이드 앱 총 사용 시간 (2019년 4월 기준)

▼▼서비스별 인터넷 동영상 시청 비율 (최근 3개월 기준)
(자료 출처: DMC 미디어, 2019 인터넷 동영상 시청형태 및 광고 태도 분석 보고서)

(단위: 억 분)

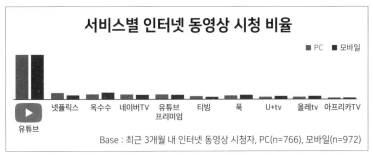

세대별 앱 이용 현황

10대		20대		30대		40대		50대	
유튜브	117	유튜브	91	유튜브	68	유튜브	62	유튜브	122
카카오톡	23	카카오톡	43	카카오톡	45	네이버	52	카카오톡	64
페이스북	19	네이버	22	네이버	36	카카오톡	45	네이버	44
네이버	15	페이스북	13	인스타그램	9	다음	15	다음	17

서비스별 인터넷 동영상 시청 비율

■ PC ■ 모바일

유튜브 넷플릭스 옥수수 네이버TV 유튜브 프리미엄 티빙 푹 U+tv 올레tv 아프리카TV

Base : 최근 3개월 내 인터넷 동영상 시청자, PC(n=766), 모바일(n=972)

을 살펴보면 50대 이상 이용자의 총 이용 시간이 가장 많이 집계돼 눈길을 끈다.

인터넷동영상 주 시청 매체 또한 다른 서비스를 제치고 유튜브가 압도적인 1위를 차지했다. 응답자의 거의 60%가 유튜브를 통해 동영상을 본다고 했는데, 유튜브를 제외하면 10% 이상의 응답을 보인 매체가 없다는 점도 특징적이다. 이는 국내에서도 유튜브에 대항하기 위해 여러 서비스들이 나왔지만 아직까지는 적수가 되지 못하고 있는 것으로 해석할 수 있다.

교환 가치가 떨어지지 않는 상품의 등장

유튜브에 대한 본격적인 이야기로 들어가기 전에 전반적인 미디어 환경의 변화, 특히 음악을 중심으로 한 새로운 '디지털 질서'에 대해 먼저 살펴보자.

프랑스의 대표적 지성인으로 손꼽히는 미래학자 자크 아탈리 (Jacques Attali)는 "음악 소비 패턴의 변화는 미래 사회를 예측하는 데 좋은 지표다"라고 전한 바 있다. 그는 인간의 보편적 소비재인 음악의 소비행태를 미래 산업 및 사회 변화의 예측에 있어 가장 좋은 지표로 삼고 전망과 설명을 이어왔다.

실제로 우리 모두는 디지털 혁명의 입구에서 그 현장을 목격했다. '냅스터'와 함께 파일 공유방식의 음원 소비행태가 등장했고, 이후 음악 산업의 '파괴적인(Disruptive) 변화'가 이어졌음은 널리 알려진 사실이다. 동시에 그 파괴적인 변화는 미디어 산업 생태계로 확장되었고 '플랫폼'에 대해 주목하는 계기가 되었다. 그런데 왜 '파괴적인 변화'일까. 무엇이 파괴된 걸까. 교환가치를 둘러싼 종전의 거래질서를 '냅스터'라는 파괴적 기술이 뒤흔든 것이다.

이전 시대에는 가치와 가치를 서로 교환하고, 사용하고 나면 가치가 상실되었다. 예를 들어 수확한 쌀을 갖고 있는 농부와 물고기를 잡은 어부가 서로의 필요에 따라 물물교환을 하면 각자 갖고있는 물건의 형태는 바뀌었지만, 그래도 그 가치는 변함이 없었다. 그리고 각각의 가치를 소비해버리면 새로운 가치를 가진 물건을 생산해내야 교환이 가능했다. 이 원리는 화폐가 등장해도 같은 원리로 진행되었다.

그런데 기술의 발전과 함께 디지털 시대가 시작되자 전혀 다른 종류의 거래가 등장했다. 디지털 시대의 대표적인 상품은 디지털 파일이라고 할 것이다. 디지털 파일의 특징은 품질의 손상 없이 무한히 복사할 수 있다는 점이다. 또한 플랫폼의 출현으로 이용자 간 상호 접점이 손쉽게 형성되며 파일의 교환도 쉬워졌다. 이것이 무슨 의미인가 하면, 이를테면 내가 가진 음악 파일을 복사해서 친구에게 전달해도 내게 원본 음악 파일이 그대로 남아 있다는 뜻이다. 가치의 증폭이 이루어진 것이다. 이후 음악 산업은 기존 거래질서가 '과격한' 충격파로 인해 무너지며 새롭고 타협적인 '디지털 질서'를 만들기 위해 혼란스러운 시간을 보냈다.

이용자 입장에서 한번 살펴보자. 우리는 레코드판과 카세트테이프, CD(Compact Disc) 등 물리적인 매체(Physical Medium)를 통해 음악을 접하다 디지털 시대에 접어들자 음원 파일로 음악을 구입해 듣게 되었다. 현재는 CD를 직접 구매하던 시대에서 음원파일을 구입해 저장하고 재생하던 시대를 지나, 이제 스트리밍을 통해 음악을 구독하는 시대로 접어들었다. 실시간 스트리밍 서비스는 음악뿐만 아니라 뉴스와 방송, 영화 등 온라인 기반의 동영상 콘텐츠 시청방

▼2019년도의 인터넷 동영상 시청행태는 실시간 영상과 스트리밍 영상이 80% 이상을 차지하는 것을 살펴볼 수 있다.
(자료 출처: DMC리포트, 2019 인터넷 동영상 시청행태 및 광고 태도 분석)

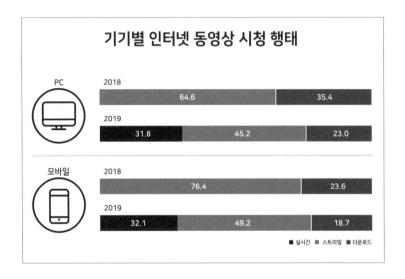

식에서도 그 비중이 꾸준히 높아지고 있다. 2020년을 넘어 앞으로도 비중이 더욱 확장될 것으로 보인다.

가치의 변화에 따라 소비 패턴이 변화하는 과정 속에서 유튜브는 변화된 미디어의 모습과 위상을 반영하며 발전하고 있다. 특히 새로운 직업과 산업을 만들어내고 기존의 미디어 질서를 바꿔가며 공룡처럼 커가는 중이다. 모바일 시대의 유튜브는 과연 어떤 방향으로 변화하고 있는지, 그리고 미래에는 어떤 모습으로 변화할 것인지 음악 영역을 시작으로 각 분야별로 살펴보자.

음악 & 유튜브: 음악 산업 내 신흥 강자로 떠오르다

기존의 음원 사이트는 이미 자본과 팬덤이 음원 차트를 독점하고 있었다. 젊은 창작자가 자신의 음악을 발표하고 관객들과 호흡하는 길은 불가능해 보였다. 방송은 대형 기획사 소속 연예인들만 나올 수 있었고, 음원차트에는 그들이 원하는 음원만 상위 랭크를 기록할 수 있었다. 혹여 행운과 함께 음원이 뜬다고 해도 실제 수익률은 처참했다. 말 그대로 굶어 죽는 뮤지션이 생겨날 정도인데, 정작 이런 사건은 가십처럼 소비되는 현실이었다. 창작자가 고사되기 쉬운 음악 산업의 현실 속에서 희망은 도저히 없을 것만 같았다.

마미손, 유튜브의 힘을 보여주다

2018년 <쇼미더머니777>에 이상한 복면을 쓴 한 참가자가 나왔다.

핑크색 고무장갑을 얼굴에 쓰고 나온 것 같은 참가자는 자신을 '마미손'이라고 소개했다. 하지만 그가 누구인지는 심사위원들은 물론, 팬들도 대부분 알고 있었다. 힙합씬에서 유명한 래퍼인 그는 쇼미더머니 이전 시즌에서 심사위원으로도 참여했던 '프로페셔널'이었다.

그런데 이변이 일어났다. 방송 2회 만에 래퍼 평가전에서 마미손이 떨어진 것이다. 사람들은 놀랐다. 대단한 래퍼로 알고 있던 그가 아닌가. 하지만 그저 다른 참가자들처럼 마미손도 경연의 압박을 못 이기고 실수해서 떨어진 것쯤으로 여겨졌고 결국 해프닝으로 끝나는 듯했다.

마미손이 탈락한 방송이 나온 날 유튜브에 영상이 하나 올라왔다. 새로 개설된 마미손 유튜브 채널에 올려진 <소년점프>라는 제목의 뮤직비디오였다. 노랫말 가운데 계속해서 되새김되는 메시지가 하나 있었다.

"계획대로 되고 있어. OK 계획대로 되고 있어."

자신이 떨어진 것이 사실은 사람들의 이목을 집중시키기 위한 '미리 그린 그림의 일부'라고 노래를 통해 주장한 것이다. 마미손은 어느새 권력이 되어버린 <쇼미더머니>라는 프로그램을 풍자하기 위

▼마미손의 뮤직 비디오, <소년점프>
(이미지 출처: 유튜브 Mommy Son 채널)

해 이 퍼포먼스를 기획하고 진행한 것처럼 읽혔다.

　반응은 대단했다. 마미손의 뮤직비디오 <소년점프>는 게시하자
마자 사흘 만에 200만 조회 수를 넘겼고, 약 3개월 만에 조회 수 3
천 만을 찍었다. 가히 마미손 열풍이었다. 그리고 마미손을 초반부
에 떨어뜨렸던 <쇼미더머니777>은 결국 그에게 무릎을 꿇었다. 마
지막 결승무대의 하이라이트 순서인 초대손님 순서에 마미손을 모
셨다. 비록 방송 초반 떨어진 참가자였지만 유튜브를 통해 그의 인

기가 공고해지며 결국 이 프로그램에서 최절정의 순간을 차지한 '승자'가 된 셈이다.

그렇다면 이 오디션 프로그램에 참가자로 등장했던 마미손은 어떤 계획을 세웠고 목표는 무엇이었을까. 그 계획의 골자는 당연히 자신의 음악을 타깃 오디언스에게 도달시키고픈 것이었겠고, <쇼미더머니>라는 오디션프로그램 출연의 목표는 우승이 아니라 홍보 활용이었으리라. 결과는 대성공이었다.

기존의 음악 산업을 풍자할 목적으로 만든 이 음악은 단순히 음악 산업의 풍자를 넘어서 음원 시장의 변화도 이끌어냈다. 멜론 등의 음악전문 플랫폼이 아니라 유튜브에 음원을 올리는 것 만으로도 충분히 팬을 모을 수 있고, 이를 통해 자신의 메시지를 전파시킬 수 있으며 원하는 수익을 얻을 수 있다는 것을 직접 보여준 것이다.

마미손의 <소년점프>는 유튜브의 힘을 보여준 좋은 사례다. 특히 그의 퍼포먼스가 단순히 한 채널에서 이루어진 것이 아닌, 방송과 유튜브에서 동시에 진행된 것임을 주목할 필요가 있다. 그는 기존 미디어 채널의 화제성을 역으로 이용해 유튜브 채널을 구축하고 팬을 모을 수 있었다. 1년 남짓한 시간이 지난 현재 마미손의 구독자는 50만 명을 훌쩍 넘어섰다.

이제는 유튜브가 공연할 공간이 없어진 무명의 뮤지션, 무명의 개그맨이나 배우들에게 새로운 기회의 공간이 되었다. 누구든 유튜브를 통해서 자신의 음원과 음악을 확장하며 활동할 수 있고 자신만의 팬들과 소통할 수 있다. '마미손의 <소년점프>가 보여준 유튜브의 힘, 멜론도 무너뜨릴까'(2018.09.27, 바이라인네트워크 남혜현기자)라는 기사에서도 이런 맥락을 지적한 바 있다.

마미손의 사례를 보며 우리는 두 가지를 짚어볼 수 있다.

하나는 플랫폼의 변화다. 이제는 더 이상 공중파 방송에 목매지 않아도, 멜론 같은 음원 사이트에서 꼭 1등을 하지 않아도 자신을 사람들에게 알려나갈 수 있다. 많은 사람들이 유튜브 스트리밍으로 음악을 들으며 자신의 취향에 맞는 아티스트를 찾기 때문이다.

또 다른 하나는 콘텐츠 기획에서 미디어의 틀이 없어졌다는 점이다. 마미손의 등장은 일종의 미디어 이벤트라고 볼 수 있다. 그가 자신의 노랫말처럼 어디까지 계획을 세웠는지는 정확하게 알려져 있지는 않지만 적어도 경연대회에 출전하고, 초기에 떨어지고, 그 후에 영상을 제작해서 올리겠다는 계획은 처음부터 계획된 것으로 보인다.

더 이상 방송과 웹, 소셜미디어의 경계는 중요하지 않게 되었다. 사람들을 사로잡을 기획은 이미 통합적인 채널 기획과 그에 맞는 콘텐츠 제작이 병행되어야 함을 마미손 사례는 보여주고 있다. 앞으로 이런 식으로 미디어를 넘나드는 '통합적인' 관점의 기획은 더욱 중요해질 전망이다.

구독과 추천으로 찾는 나만의 프리미엄 서비스

유튜브에서 음악을 찾아 듣는 사람들이 늘면서 유료 구독모델인 유튜브 프리미엄 서비스를 이용하는 사람도 많아지고 있다.

기존의 음악 플랫폼과 달리 사람들이 유튜브 프리미엄을 찾는 이유는 좋아하는 음악을 다양한 스타일로 들을 수 있을 뿐만 아니라 영상과 음악을 함께 보고 들을 수 있기 때문이다. 또한 유튜브 프리미엄의 추천 알고리즘이 자신이 알고 있는 노래나 음악뿐만 아니라 '내가 좋아할만한' 음악을 찾아준다는 것도 사람들에게 매력적으로 다가갔다. 자신의 취향과 어울리는 노래를 추천받으며, 새로운 노래를 발견하는 즐거움을 더한 것이다. 나보다 내 취향을 더 잘 아는 서비스에 사람들이 끌리는 것은 당연하다.

20대를 겨냥한 댄스음악만을 들을 수밖에 없었던 기존 음악 플랫폼과 달리 유튜브는 연령에 상관없이 각각의 취향에 맞춰 무궁무진하게 음악을 추천해준다. 랩과 힙합, 재즈, 클래식뿐만 아니라 80년대·90년대 음악, 흘러간 트로트에 멋지게 퓨전화된 국악까지 수백만 수천만 이용자들이 만들어놓은 플레이리스트를 마음껏 살펴보고 함께 공유하는 공간이 유튜브다. 이 추천에 만족하는 사람들은 주저 없이 그 가치에 대가를 지불한다. 무료 이용자가 유료 이용자로 바뀌는 게 이 지점이다.

요즘 미디어에서는 구독모델이 중요하게 뜨고 있다. 매일 정보를

구독하거나, 뉴스레터를 구독하거나, 음악을 구독하는 것. 이 모델
의 최전선에 유튜브가 있다.

　10대들의 전유물로만 여겨졌던 유튜브는 이제 5060세대에게도 가장 인기 있는 미디어가 되었다. 경제력을 갖고 있는 이들은 유튜브 프리미엄을 통해 동영상 시청에 방해되는 광고 없이 원하는 콘텐츠를 마음껏 이용 중이다.

최적의 스트리밍 기반 서비스로 최고의 음악사업자를 노린다

다시 흐름을 되짚어보자. 음악 산업은 2000년대 이전까지는 카세트테이프와 LP, CD 등의 제품을 판매하여 수익을 얻는 구조였다. 하지만 1999년 냅스터라는 서비스가 출현하면서 음악 산업은 격변하기 시작한다. 온라인 음악파일 공유서비스인 냅스터는 음악파일을 누구나 무료로 마음껏 P2P(Person to Person)로 공유할 수 있게 만들었다.

　냅스터로 인해 사람들은 돈을 내고 CD를 사지 않아도 음악을 들을 수 있게 됐고, 이에 음악 산업의 수익모델은 빠르게 변해갔다. 음악 산업의 두 번째 변곡점은 애플이 오픈한 아이튠즈 스토어 덕분에 맞게 됐다. 아이튠즈 스토어를 통해 디지털 음원 시장이 본격적으로 성장하기 시작한 것이다. 이후 10년 남짓 만에 디지털 음원

▼ 미디어 별 음원 시장 매출액
(자료 출처: www.visualcapitalist.com)

034

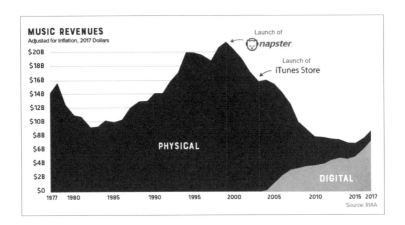

시장은 음악 시장의 거의 90%를 차지하는 것으로 추정된다.

음반 시장과 디지털 음원 시장의 변화를 좀 더 세밀히 살펴보자. LP에서 카세트테이프, CD로 변화를 겪던 음반 시장은 2005년 즈음 디지털 음원 시장의 등장으로 빠르게 하강곡선을 그리기 시작한다. 디지털 음원 시장은 MP3와 벨소리가 초기 시장을 형성했으나 10년이 지나지 않아 빠르게 치고 올라온 스트리밍 시장이 음악 시장의 주류로 성장하게 되었다. 이제 사람들은 음악서비스를 구독하며 자신이 좋아하는 음악을 스트리밍 방식으로 언제 어디서나 편하게 소비하고 있다. 그리고 구독을 통해 음악을 듣는 스트리밍 시장이 커지는 사이, 유튜브 또한 지속해서 성장한 것을 알 수 있다.

유튜브는 애플뮤직과는 다른, 영상과 음악을 함께 접하는 미디어

▼ 미디어 별 음원 시장 변곡점
(자료 출처: www.visualcapitalist.com)

▼▼ 음원 스트리밍 서비스 시장 증가율
(자료 출처: www.visualcapitalist.com)

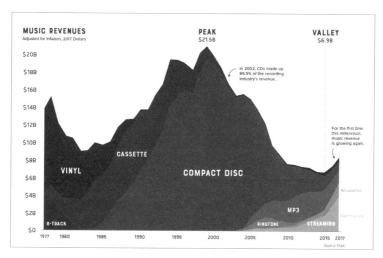

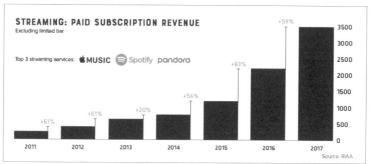

로서 강력한 음악 사업자로 떠오르는 중이다.

스트리밍 시장은 음악 시장뿐만 아니라 영상 시장에서도 강력한 힘을 갖고 있다. 데이터 전송 속도가 급격하게 빨라지며 이제 사람들은 실시간 스트리밍을 통해 다양한 콘텐츠를 소비하기 시작했다.

▼ 유튜브 수익 증가 곡선과 스트리밍 시장의 성장 곡선은 비슷한 모습을 나타낸다.
이는 스트리밍 시장의 강자가 유튜브임을 추측하게 해준다.
(자료 출처: seekingalpha.com)

(단위: 1억 달러)

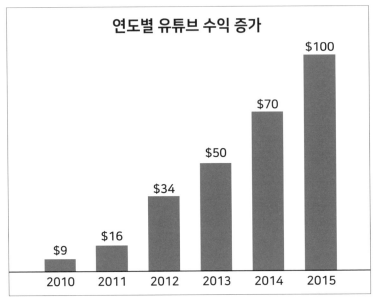

텔레비전의 경우 이제는 본방사수라는 개념이 사라지고 있다. 본방
을 놓치더라도 곧바로 혹은 일정시간(홀드백)만 지나면 해당 프로그
램을 언제고 편하게 VOD로 볼 수 있기 때문이다. 이렇듯 스트리밍
기반의 미디어는 앞으로 계속 확장될 전망이다.

영상 & 유튜브: 모바일 영상 소비의 핵심 미디어로 등극하다

2005년에 설립된 유튜브는 동영상 공유 서비스 스타트업이었다. 그런데 설립 1년만인 2006년에 구글이 16억 5,000만 달러에 달하는 거금(?)을 주고 인수했다. 당시 온라인 동영상 시장이 급부상하는 상황이긴 했지만 차고에서 시작한지 1년밖에 되지 않은 스타트업 인수여서 큰 화제가 됐다.

　그런데 구글은 왜 동영상 서비스를 자체적으로 하지 않고 유튜브를 인수했을까. 기억을 못 하는 사람이 많겠지만 사실 구글도 '구글비디오'라는 자체 동영상 서비스를 운영하고 있었다. 현재 유튜브 CEO인 수잔 보이치키가 당시 '구글비디오' 담당자였다. 구글은 검색 서비스에서 영상에 대한 수요가 높아지는 것에 제대로 대응하기 위해 '구글비디오' 서비스를 오픈하고 동영상 확보에 주력했다. 헐리우드 스튜디오 등 다양한 방송 사업자와 접촉하면서 구매와 제휴

등 다양한 노력을 기울였다. 하지만 동영상 확보를 위한 비용부담은 너무 컸고 고전을 면치 못했다. 그 과정에서 유튜브를 발견하게 된다.

유튜브는 구글비디오처럼 동영상을 확보해서 직접 서비스하는 모델이 아니었다. 동영상 업로드와 공유 즉, 이용자 입장에서 누구나 동영상을 편하게 갖고 놀 수 있도록 돕는 데 집중하는 플랫폼 모델이었다. 당시 유튜브는 서비스를 출시한 후 1천만 명이 넘는 회원을 모으고 하루 1억 개 이상의 동영상이 게시되는 등 새로운 문화를 만들어가기 시작하고 있었다.

반면 구글 검색서비스를 총괄하던 마리사 메이어(차후에 야후 사장이 된, 그 마리사 메이어가 맞음)는 외부 공식행사에서 "We made a big mistake"라며 동영상 서비스의 실패를 인정하고 있던 상황이었다. 구글 경영진은 자체 서비스보다는 유튜브의 플랫폼 전략이 구글의 철학에 오히려 더 부합한다고 여겼음에 틀림없다. 유튜브 인수금액은 그때까지 구글의 인수합병 건 가운데 가장 높았다.

동영상 콘텐츠, 모바일 최적화가 되다

빠른 인터넷과 고사양의 스마트폰은 사람들에게 모바일 생활자가 되도록 만들었다. 영상 소비 또한 모바일에서 직접 이루어지는 경우

▼ 미국 성인의 기기 별 디지털 매체 하루 사용 시간
(자료 출처: 메리 미커, 인터넷 트렌드 2019)

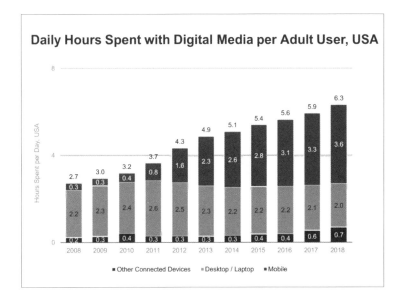

가 늘고 있다. 메리 미커의 <인터넷 트렌드 2019> 보고서를 살펴보면 전통미디어들이 모바일 미디어에 점유율을 빼앗기는 과정을 쉽게 확인할 수 있다.

특히 디지털 기기에 한정해서 살펴보면 데스크탑 사용시간은 10년 동안 2시간 내외로 고정되어 있는 반면, 모바일 매체 사용률은 점차 늘어 2018년에는 3.6시간으로 전체 디지털 미디어 사용시간의 절반을 넘었다. 이런 경향은 점점 더 가속화할 전망이다.

이렇게 데스크탑에서 모바일로의 이용 행태 변화가 뚜렷해지면서

동영상 콘텐츠 유통 플랫폼 또한 이에 맞춰 변화해왔다.

위의 표는 2000년대부터 나온 우리나라의 동영상 플랫폼을 연도별로 정리해놓은 것이다. 상단에는 주목할 만한 글로벌 서비스 일부를 넣고 하단에는 당시 우리나라에 출시된 서비스들을 모았다. 지금까지 운영되는 서비스도 있지만 오래가지 못하고 사라지거나 새로운 서비스에 편입되기도 했다.

2005년 2월 유튜브는 허름한 차고에서 시작됐다. 한국에서는 2004년 10월 판도라TV라는 동영상서비스가 있었다. 유튜브보다 먼저 동영상공유 서비스를 시작한 것이다. 이후 엠군(2005.12)과 아프리카TV(2006)를 비롯, 곰TV와 다음 tv팟, 네이버 플레이 등의 서비스가 줄이어 출시되었다.

이 가운데 아프리카TV는 BJ(Broadcasting Jockey)가 직접 자신의 방송을 하며 별풍선으로 수익을 얻는 구조를 통해 다양한 동영상 콘텐츠와 커뮤니티를 만들어냈다. 아프리카TV는 지금도 굳건하게 서비스를 이어가고 있다. 다만 이들 BJ 가운데 상당수는 유튜브가 강력해지면서 주 활동 공간을 유튜브로 옮겨가기도 했다.

2007년 출시된 아이폰은 한국에는 2009년에 보급됐다. 아이폰은 본격적인 모바일 시대를 열어젖혔다. 페이스북과 트위터, 인스타그램 등 모바일 기반의 SNS가 활성화됐고 모바일과 결합한 유튜브 또한 더욱 강력해졌다. 특히 유튜브는 2007년 창작자 수익배분 제도인 유튜브 파트너 프로그램(YPP)을 도입했다. 이는 창작 생태계 구축과 성장의 기반이 됐고 제2의 도약을 이루는 전환점이 됐다.

CJ는 2010년 TVing서비스를 선보였다. 2011년에는 SKT의 호핀(hoppin)과 KTH의 플레이(Playy), KT의 올레TV나우 등이 잇따랐다. 온라인 기반에서 연합군 전략을 모색하던 지상파 방송사들은 2012년 푹(pooq)서비스로 뭉쳤다. 이후 동영상 플랫폼 전쟁터에서 네이버TV와 카카오TV 등 포털의 반격이 있었고 페이스북의 동영상 전략이 주목받기도 했다. 그러다 2016년이 되면 다시 한번 전선이 뜨거워진다. 2009년 온라인스트리밍 서비스를 개시한 넷플릭스가 2016년 1월에 국내 서비스를 시작했고, 비슷한 시기 SKT는 호핀을 접고 야심차게 준비해온 옥수수(oksusu)를 내놓았다.

그리고 2019년에는 소위 'OTT(Over The Top)전쟁'으로 국내에서 지칭하는 'SVOD(Subscription based Video On Demand, 유료구독기반 동영상 서비스) 전쟁'이 글로벌 시장에서 불붙으면서 다시 한번 전쟁터가 달아오른다. 넷플릭스의 공격적 행보에 맞서 디즈니그룹이 2019년 11월 '디즈니 플러스'를 출시한 것을 필두로 애플(애플TV)과 아마존(Prime), AT&T(HBO) 등 쟁쟁한 거대사업자들이 이용자 접점을 두고 쟁탈전에 뛰어든 것이다.

국내에서도 2019년 9월 SKT의 옥수수와 지상파연합의 푹(pooq)이 손잡고 웨이브(Wavve)라는 새로운 서비스를 출시하며 각오를 다진 바 있다. 포털과 CJ(TVing), 종합편성채널사업자, 통신사 등이 상호 합종연횡하며 동영상 플랫폼 전쟁터는 춘추전국시대의 양상을 보이고 있다. 이러한 합종연횡은 국내 사업자 간의 대립과 협력의 모습으로 나타나고 있지만 맞은편에 자리한 유튜브와 넷플릭스의 존재감이 전제되어 있기도 하다.

동영상 콘텐츠 이용자들은 앞으로 유튜브와 이런 여러 서비스들 사이에서 어떤 플랫폼을 사용할 것인지 지속적으로 선택을 고민할 것으로 보인다. 이로인해 당분간 동영상 사용자들을 선점하기 위한 플랫폼 기업 간의 경쟁은 계속 심화될 것으로 예상된다. 여기서의 포인트는 모바일 시대에 잘 적응하는 플랫폼이 새로운 강자로 등장할 것이라는 점이다.

유튜브 생태계에 맞는 새로운 콘텐츠 창작자가 등장하다

모바일 시대의 동영상 콘텐츠 창작 생태계 또한 새로운 시장 기회를 포착한 창작자들의 등장으로 변화하고 있다. 기존미디어 사업자의 경우 뉴미디어로의 전환을 고민하며 다양한 콘텐츠 서비스를 실험하고 있다. 또한 모바일 시대의 문법에 맞는 콘텐츠를 기획하는 디지털 콘텐츠 스튜디오와 MCN(Multi Channel Network)의 등장으로 기존과는 다른 콘텐츠 생태계가 만들어지고 있다.

방송사의 경우 모바일 환경에 맞춰 기존의 콘텐츠를 재가공하거나 새롭게 제작해 유튜브 등 여러 SNS 플랫폼에 서비스를 하고 있다. 뉴미디어 실험에 적극적이고 앞서가는 SBS는 스브스뉴스나 모비딕 같은 브랜드를 통해 영상 콘텐츠를 제작, 서비스하고 있다. JTBC는 디지털 시장 역량 강화를 위해 스튜디오 룰루랄라를 론칭했다. 스튜디오 룰루랄라의 경우 현재 와썹맨과 워크맨 등의 유튜브 채널을 통해 모바일 환경에 맞는 콘텐츠 포맷으로 인기몰이 중이다.

신문 등 언론사 진영에서도 한겨레TV, 뉴스래빗(한경), 씨리얼(노컷뉴스), 프란(한국일보), 인스파이어(헤럴드경제) 등 기존 신문 취재에서 한 단계 나아간 영상 취재 및 오리지널 콘텐츠를 선보이고 있다. 다만 일부는 공격적 행보를 보이기도 하지만 상당수는 지속적인 투자 여력을 만들지 못하고 운영난에 시달리는 등 진통을 거듭하고 있다. 중앙일보는 뉴욕타임스의 T스튜디오 등 브랜드 스튜디오 모델을 본

▼방송국, 신문사, 콘텐츠 제작 스튜디오, MCN 등 다양한 분야에서 모바일 콘텐츠에 대한 새로운 모색과 실험을 진행중이다.

뜬 이노베이션랩을 만들어 브랜디드 콘텐츠(Branded Content) 제작에 나섰다.

이외에도 메디아티라는 미디어스타트업 엑셀러레이터를 통해 육성된 닷페이스와 긱블, 디에디트, 더파크 등의 창작스튜디오가 저널리즘과 콘텐츠 영역에서 꾸준히 성장을 모색해가고 있다.

그리고 '디지털 스튜디오'로 불리는 새로운 진영이 나타났다. 72초TV를 필두로 모바일 환경에 걸맞는 짧고 새로운 오리지널 콘텐츠 포맷을 개발하고 제작하는 곳들이다. 메이크어스(dingo), 와이낫미디어, 셀레브, 네오터치포인트(muhLab), 글랜스TV, 모모콘, 피키픽처스

등이다. 짧은 포맷의 웹드라마와 예능뿐만 아니라 셀럽 인터뷰, 직접 체험하는 다양한 영상 등을 제작한 후 유튜브와 페이스북 등 모바일 플랫폼을 통해 이용자 기반을 넓혀가고 있다. 수익모델은 아직 취약한 편이다. 대부분 미래 성장을 염두에 둔 투자에 기대거나 기업 및 공공기관과의 협업을 통해 브랜디드 콘텐츠를 제작하거나 PPL 등을 유치하면서 창작자원을 마련하고 있다.

유튜브와 가장 밀접한 창작 진영은 크리에이터들이다. 유튜브가 '1인 미디어 시대'를 열었다고 평가 받기도 하는데 이는 전적으로 크리에이터로 불리는 동영상 창작자들이 끊임없이 등장한 덕분이다. 이제는 스마트폰 하나만 있으면 누구나 방송인이 될 수 있는 시대가 되었다. 이들 중에서 자신만의 콘텐츠로 엄청난 구독자를 거느린 유튜버가 수없이 탄생했다. 인플루언서로도 불리는 유튜브 크리에이터들은 수십만에서 수백만 명의 구독자를 대상으로 여러 콘텐츠들을 만들고 있다. 이를 통해 웬만한 기업 못지않은 수익을 올리고 있다.

MCN 사업자들은 1인미디어 연합체에서 더 나아가 직접 콘텐츠 기획과 매니지먼트 역할을 하고 있다. 아울러 이제는 유튜브 플랫폼을 벗어나 거꾸로 매스미디어로 진출하는 현상도 보이고 있다. 동시에 TV 중심으로 활동하던 기성 연예인들이 유튜브로 진출해 이용자 접점을 직접 만들어가는 등 '혼종' 현상도 나타나고 있다.

OTT전쟁 & 유튜브: 구독 전쟁에서도 우위를 점할 수 있을까?

OTT는 인터넷을 통해 방송 프로그램, 영화, 교육 등 각종 미디어 콘텐츠를 제공하는 서비스를 말한다. 'Over The Top'의 줄임말로 원래 Top은 TV에 연결된 셋톱박스(Set-Top Box)를 의미했다. 초기에는 인터넷에 연결된 셋톱박스를 통해 TV를 보는 서비스를 뜻했는데 요즘은 클라우드 개념처럼 인터넷 상에 올려진 콘텐츠를 다양한 단말환경에서 볼 수 있는 서비스를 말한다.

현재 OTT 서비스 사업자를 보면 유튜브와 네이버TV, 카카오TV 같은 포털 사업자, 페이스북과 인스타그램, 틱톡 등 SNS 사업자뿐만 아니라 넷플릭스, 아프리카TV 같은 독립사업자, 통신사업자, 방송사업자 등이 각축을 벌이고 있다.

글로벌 시장 또한 비슷한 추세로 FAANG(Facebook, Amazon, Apple, Netflix, Google)이라고 불리는 글로벌 IT 기업들이 각각 수천

억 원부터 수십조 원에 이르기까지 엄청난 돈을 투자해 사용자들을 사로잡기 위한 콘텐츠를 제작하고 있다.

이렇게 국내외 기업들이 OTT 서비스에 집중 투자하는 이유는 SVOD(Subscription based Video On Demand) 시장을 선점하기 위해서다. 이전까지는 무료로 영상을 소비하는 대신 광고를 시청하는 AVOD(Advertising based Video On Demand) 시장이 주류를 점하고 있었다. 하지만 광고에 대한 피로도가 누적되면서 점차로 광고 없는, 좋은 품질의 영상을 보기 위해 직접 서비스를 구독하는 사람이 점점 더 늘고 있는 상황이다.

이 분야의 선두기업은 넷플릭스다. 넷플릭스의 성장 비결은 언제 어디서나 어떤 단말기로든 원하는 방송을 볼 수 있게 해주는 경쟁력을 보유한 점이었다. 또한 넷플릭스의 공격적인 오리지널 콘텐츠 투자 전략은 사람들에게 볼만한 콘텐츠를 다양하게 제공하며 구독 서비스를 이용하게 만들었다. 넷플릭스는 2018년 매출(157억 9,000만 달러)의 75%인 120억 달러(약 13조 5,720억 원)를 오리지널 콘텐츠에 투자했다. 이는 전 세계 동영상 플랫폼 사업자 가운데 가장 많은 콘텐츠 제작 투자금액이다. 다만 2019년 2분기에 처음으로 구독자 수가 줄었는데 핵심적인 이유로는 다른 사업자들과의 치열한 경쟁을 들 수 있을 것이다.

2019년 하반기에 '디즈니플러스' 서비스를 출시한 디즈니는 넷플릭스의 가장 강력한 경쟁 상대다. 11월 12일 론칭한 뒤, 하루 만에 유료구독자가 1천만 명을 넘어설 정도로 초반 기세가 대단하다. 디즈니는 전 세계의 영화관을 장악했다고 할 정도로 영화관을 통해 가장 돈을 잘 버는 거대 미디어다. 하지만 넷플릭스가 보여주듯 사람들은 이제 더 이상 영화관에서만 영화를 보지 않는다. 이에 디즈니의 고민은 깊어질 수밖에 없었고 결국 자체 플랫폼 구축에 나서게 되었던 것이다.

디즈니는 먼저 유튜브의 대항마로 나온 미국 지상파 방송사들의 연합체(Joint Venture)인 훌루(Hulu)의 지분을 추가로 인수해서 온라인 동영상 플랫폼 기반을 넓혔다. 이는 거금을 들여 루퍼트 머독으로부터 21세기폭스 영화·TV 사업 부문을 인수·합병하는 과정에서 동반된 일이다. 그리고 디즈니는 한발 더 나아가 디즈니플러스 론칭을 통해 SVOD 시장에 직접적으로 진출하며 넷플릭스와 맞대결을 펼치고 있는 것이다.

디즈니플러스의 등장으로 넷플릭스는 디즈니 계열의 콘텐츠를 더 이상 서비스하지 못하게 됐다. 픽사와 마블, 내셔널지오그래픽 등의 핵심 콘텐츠가 빠진 넷플릭스가 자체 콘텐츠 제작에 더욱 힘을 쓰는 것은 늘 다양한 콘텐츠에 목말라 하는 이용자들을 지속적으로 잡아두기 위한 고육책의 측면으로도 이해할 수 있다.

이외에도 타임워너를 인수·합병한 미국 통신사 AT&T는 HBO

서비스를 강화하며 OTT 시장에 뛰어들고 있다. 애플 또한 애플TV를 확장하며 1조 원 남짓 제작비를 투자해 오리지널 콘텐츠를 제작 중이다. 넷플릭스에 이어 연간 6조~8조 원 사이의 콘텐츠 제작 투자를 하고 있는 아마존프라임 서비스도 강력한 경쟁자다.

유튜브는 유튜브 프리미엄을 통해 광고 없이 동영상을 볼 수 있는 서비스를 내놓았다. 프리미엄 멤버십으로 가입한 사람은 유튜브에서 독자적으로 제공하는 공연영상이나 유튜브 오리지널 드라마 콘텐츠를 볼 수 있다. 최근 OTT 전쟁터의 경쟁구도가 심화하면서 유튜브는 오리지널 콘텐츠를 다시 무료 공개로 전환하는 모색도 하는 등 구독모델의 전략을 가다듬고 있다. 넷플릭스 또한 끝없는 오리지널 콘텐츠 투자의 부담 속에서 현재처럼 광고 없이 유료 서비스 모델만 언제까지 고집할 수 있을지 장담하기 어렵다는 게 업계의 관측이다.

OTT 시장의 범주를 명확히 규정하는 것이 다소 애매하기는 하지만 이렇게 유튜브는 넷플릭스와 직간접적으로 경쟁을 펼치고 있다. 그리고 그 전쟁터는 앞서 살펴봤듯이 참가자 면면이 모두 거대하고 쟁쟁하다. 구독 전쟁에서 우위를 점하기 위한 싸움은 2020년에 더욱 격화될 전망이다.

검색 & 유튜브: 우리가 궁금한 모든 것이 다 있다

사람들은 궁금할 때 미디어를 찾았다. 신문과 방송 뉴스를 읽고 보며 궁금증을 해소했다. 하지만 이제 시대변화와 함께 전통미디어는 뉴미디어에 비해 이용자 접점이 확연히 엷어지고 있는 상황이다. 이는 현재 신문이나 TV 방송의 미디어 점유율만 봐도 바로 알 수 있다. 더 이상 사람들은 정보습득에 있어 기존의 방식으로 되돌아가려 하지 않을 것이다.

'정보검색'하면 우리는 보통 검색창에 궁금한 단어와 문장을 텍스트로 쳐서 나온 결과를 살펴보는 것을 상상한다. 네이버 지식iN이 대표적인 서비스였다. 하지만 요즘 10대들에게 정보검색은 유튜브에서 해당 키워드를 검색해 영상을 통해 궁금증을 해소하는 행위로 인식되고 있다.

▼JTBC 뉴스 유튜브
(이미지 출처: 유튜브 JTBC News 채널)

유튜브와 연결해 온-오프라인 뉴스를 동시에 진행한다

이제 TV로 본 뉴스를 유튜브에서 보는 것은 새로운 모습이 아니다. 특히 뉴스 채널은 다양한 실험을 하고 있다. 라이브 뉴스는 물론 소셜미디어에 최적화된 포맷을 개발하기도 하고 기자들이 등장하는 오리지널 콘텐츠도 제작한다. 방송에서 뉴스가 끝나면 SNS에서 마치 뒷얘기처럼 뉴스의 내용을 보충하기도 한다. 또한 타깃에 맞춰 새로운 뉴스 브랜드를 만들기도 한다.

JTBC 뉴스는 주요 언론사 가운데 유튜브에서 가장 먼저 구독자가 100만 명을 넘어섰다. 유튜브 채널로만 봤을 때는 다른 방송국을 제치고 국내 최고의 구독자를 가진 뉴스미디어가 되었다. 종편 채널의

▼ 채널별 수도권 시청률 (20대)
(자료 출처 :미디어오늘)

(단위: %) (시간대: 19:00:00-22:59:59)

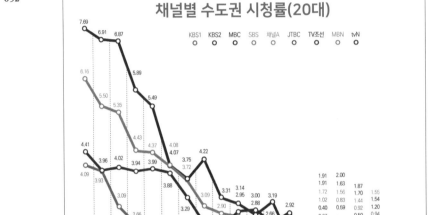

하나로서 언론사로서는 후발주자인 JTBC는 주력 프로그램이었던
뉴스룸을 포털과 유튜브 등 온라인 플랫폼에 방송과 같은 시간에 동
시에 서비스했다. 오픈 정책을 시행한 것이다.

 더불어 소셜라이브 등 이용자 소통형의 뉴스 포맷 개발과 꾸준한
운영에 노력을 기울였다. 그렇게 JTBC는 후발주자의 핸디캡을 극복

하며 뉴스룸을 강화했다.

SBS의 경우에는 페이스북과 유튜브에 집중하며 스브스뉴스와 비디오머그 등 젊은 층을 상대로 한 뉴미디어 뉴스 실험을 거듭했고 의미 있는 이용자 접점을 창출해냈다. 그리고 2019년에는 SBS모바일24를 통해 실시간 소통을 강화하는 진일보한 실험 프로젝트를 진행 중이다. 이렇게 하루 24시간 내내 정보를 전달하는 방향으로 모바일 뉴스가 확장될 것으로 보인다.

방송사들이 앞다투어 유튜브에 진출하는 이유는 시청률의 변화 때문이기도 하다. 현재 지상파 방송국의 시청률은 급격히 떨어지는 상황이다. 20대 이하의 세대에게 즐겨 보는 프로그램에 대해 물어보면 지상파 방송이 아닌 유튜브 방송을 꼽는 경우가 다수를 차지하고 있다.

미디어오늘에서 시청률 조사기관 닐슨코리아를 통해 2000년부터 2018년(상반기)까지 프라임시간대(오후7시~오후11시) 수도권 시청률을 분석한 결과에 따르면, 전체적으로 시청률 하락이 이어지는 가운데 2017년 이후에는 전 채널의 시청률이 떨어지는 것으로 관찰된다.

실제 주변의 20대에게 요즘 즐겨 보는 텔레비전 프로그램이 무엇이냐고 물어보면 바로 답을 하지 못하는 경우가 많다. 오히려 유튜브 채널에 대해서 물어보면 대부분 곧바로 몇 개의 채널을 손꼽는다.

이제 뉴스는 더 이상 텔레비전에서만 보는 것이 아니다. 뉴스의 아이템 또한 각 SNS 채널에 맞춰 다양하게 재생산되고 있다. 이는 하나의 정보를 다양한 시각으로 받아들일 수 있게 해준다. 유튜브는 실시간 스트리밍이 가능하고 댓글 등 이용자 상호작용을 통해 다양한 피드백을 수렴할 수도 있다. 앞으로는 이런 유튜브의 다양한 장점을 활용해 이용자 접점을 잘 만들어내고 강화시키는 뉴스 사업자가 인기를 끌 것으로 보인다.

수천만 개의 유튜브 방송엔 모든 것이 다 있다

유튜브에는 온라인 대학이 있다. 수십 년 전 유명했던 영화도 볼 수 있다. 트렉터 끄는 법과 음악을 만드는 법도 알려주고 가을밤 듣기 좋은 음악도 들려준다. 세계 2위의 검색서비스라는 명성에 걸맞게 궁금한 모든 것은 이미 유튜브에 영상으로 올라와 있다. 1위는 구글이다. 그리고 구글의 검색 결과에서 상당수는 유튜브 영상이 가장 앞단에 나온다.

유튜브 영상을 제작할 때 중요한 것 중 하나가 제목과 태그, 링크다. 관심기반의 추천이 중요하기도 하지만 여전히 정보를 검색하는 이용자를 위해 유튜브는 상단의 태그 기반 정보를 연결시켜주거나 제목과 본문 내용에 맞춰 검색 결과를 제공해준다. 짧고 핵심만 정리해주는 유튜브 영상은 모바일 세대에게는 가장 강력한 검색 엔진이 되었다.

커뮤니티 & 유튜브: 크리에이터는 커뮤니티 구축자다

소셜미디어는 양방향의 콘텐츠 확장성을 갖고 있다. 특히 커뮤니티를 생성하고 강력하게 확장하는 데 소셜미디어의 영향력은 더욱 커지고 있다. 전 세계에서 가장 큰 소셜미디어는 페이스북으로 월별 활동자만 22억 명이다. 지구상에서 가장 큰 국가라고도 말할 수 있다. 그 다음을 차지하고 있는 것이 유튜브이다.

소셜미디어의 특징은 속보성과 커뮤니케이션에 있다. 페이스북의 경우 페이스북 친구들과 커뮤니케이션을 강화하고 있으며 트위터나 인스타그램은 해시태그를 통해 자신과 같은 관심사를 가진 사람들과 함께 커뮤니케이션을 하는 것이 특징이다.

유튜브에서는 사용자가 직접 콘텐츠 제작 주체가 된다

또 하나의 특징은 소셜미디어 활동을 하는 사람들이 직접 콘텐츠 제작 주체가 되어 다양한 커뮤니티를 확장하고 있다는 점일 것이다. 2019년 가을 서초동과 광화문에 모인 사람들은 직접 사진을 찍고 영상을 찍어 친구들과 공유하며 자신의 의견을 드러내고 커뮤니티를 확장했다.

또한 이제 위와 같은 사진은 더 이상 어색한 모습이 아니다. 미국 VIDCON 행사를 참관하러 갔을 때 찍은 사진이다. VIDCON 1층의 한 부스에서 진행된 팬미팅 행사였는데 이 부스에서 진행한 셀럽 크리에이터의 인터뷰를 보기 위해 많은 팬들이 몰렸다. 그런데

이 팬들은 얌전히 셀럽의 이야기만 듣는 것은 아니었다. 동시에 자신의 모바일로 현장을 찍고 생중계를 하고 있었다. 유튜브는 이렇게 콘텐츠 소비자가 바로 콘텐츠 생산 주체가 되어 다양한 서브 콘텐츠를 확장하는 것이 가능하다.

지금까지 미디어 이용자들은 사업자가 전달하는 콘텐츠만을 수동적으로 수용한 반면 소셜미디어의 등장 이후 이용자들은 적극적이며 능동적인 이용형태를 통해 스스로 미디어화되고 있다. 이런 과정에서 크리에이터, 1인 방송국이 생겨났고 주목을 받기 위해서는 자신의 팬이나 구독자와의 상호작용이 중요해졌다.

유튜브의 특징 중 하나는 유튜브 콘텐츠를 만드는 크리에이터들이 활발하게 활동을 한다는 점이다. 2019년에는 개인 유튜버인 퓨디파이가 최초로 구독자 1억 명을 넘어서기도 했다. 스웨덴 출신의 퓨디파이는 2010년 유튜브를 시작했으며 2013년 구독자 1천만 명을 넘기며 구독자 수 세계 1위에 오른 뒤 6년간 정상을 지켜왔다.

유튜브 크리에이터,
커뮤니티 구축자(Community Builder)가 되다

유튜브 콘텐츠 생태계를 풍부하게 만드는 크리에이터들은 또한 자신의 채널 구독자와의 소통에도 적극적으로 임하고 있다. 구독자들이 댓글로 요청한 콘텐츠를 업로드하거나 실시간 채팅으로 대화를 나누는 것은 크리에이터의 중요한 소통 방법이다.

유튜브채널 '영국남자'를 운영하는 조쉬(Josh)는 2018년 씨로켓 컨퍼런스에서 유튜브 채널을 운영하는 사람들은 단순한 크리에이터를 넘어 커뮤니티 구축자(Community Builder)라고 이야기한다. 자신의 채널에 모인 사람들과 꾸준히 소통하면서 하나의 관심 영역을 놓고 공동체 커뮤니티를 만들고 키워가는 역할을 하는 사람이 크리에이터라고 나름의 정의를 밝힌 것이다.

유튜브 크리에이터에게 콘텐츠는 단순히 잘 만드는 것을 넘어 얼마나 사람들과 함께 소통하는지, 공감대를 만들어내는지가 더 중요한 지표가 되고 있다. 공감하지 않으면 사람들은 더 이상 구독하지 않을 것이기 때문이다.

Z세대들에게는 브이로그(V-log)를 찍어 유튜브에서 친구들과 공유하는 것이 일상이 되었다. 게다가 요즘 많은 초등학생들은 유튜브에서 서로 소통을 한다. 한 친구가 영상을 찍어 올리면 친구들이 들어와서 댓글을 달고 서로 채팅하듯 이야기를 나눈다. 그리고 이야기가 끝나면 영상을 아예 지워버리는 경우도 종종 있다고 한다. 마치 메신저를 쓰듯 유튜브를 활용하는 셈이다. 유튜브라는 공간을 군이 동영상 콘텐츠를 소비하는 곳으로만 한정하지 않고 창의적으로 활용하는 것이다.

이렇게 다양한 세대의 사용자들에게 유튜브가 보편적으로 확장
되면서 그 속에서 커뮤니티로서의 활용도도 높아지는 것으로 보인
다. 실제 유튜브는 2017년 커뮤니티 탭을 신설했다. 유튜브는 공지
를 통해 커뮤니티 참여와 비하인드 스토리 공개 등 크레에이터와 이
용자 사이의 활발한 소통을 돕기 위해 커뮤니티 탭을 서비스한다고
밝혔다.

마케팅 & 유튜브: 모바일과 콘텐츠형 광고가 결합되다

유튜브를 살펴보다 보면 자연스럽게 광고 산업의 변화 이슈도 등장하게 된다. 방송(TV)광고 수익이 줄어드는 반면 '유튜브 광고' 등 새로운 광고양식과 수익모델이 성장하고 있다. 실제로 한 금융회사는 2019년에 방송광고 예산을 전액 삭감하고 유튜브를 포함한 디지털 광고예산만 편성했다. 또 한 대기업은 '유튜브 예산'을 2019년 처음 편성하고 자사 채널 활성화를 위해 인력을 강화했다.

이제까지 미디어 시장을 이끌어온 중요한 동력은 광고였다. 구독모델이 확장되고 있다고 하지만 아직까지는 광고모델이 미디어 시장의 주 수익원이다. 기존 미디어는 지면 할당 방식이나 시간 할당 방식의 광고 모델로 수익을 얻었다. 미디어 시장 내 광고와 관련된 변화의 맥락을 한번 짚어보자.

신문의 경우 지면 할당 방식의 광고모델을 갖고 있다. 광고 가격

정책에 있어 지면의 크기와 중요성을 고려한다. 이를테면 1면 하단 광고의 경우 독자의 주목도가 높고 중요한 만큼 단가를 높게 책정한다. 그리고 지면 위치와 크기에 따라 광고비에 차등을 주는 방식이다. 쉽게 말해 '땅을 파는 모델'이다. '좋은 땅' 혹은 '넓은 땅'은 비싸게 책정해서 판매하는 방식으로 이해할 수 있다.

반면 방송의 경우 '시간'을 판매한다. 방송 프로그램을 공짜로 볼 수 있게 하는 대신 그 앞뒤(혹은 중간) 시간에 광고를 배치하는 방식이다. 무료 서비스를 제공하는 대신 시청자들의 주목(Attention)을 광고주에게 판매해서 수익을 얻는 것이다.

이 방식이 작동 가능한 것은 방송사가 갖고 있는 '편성 권력' 덕분이다. 단순히 편성의 힘으로 쓰지 않고 '편성 권력'이라고 표현한 것은 그 '편성'의 힘이 워낙 대단하기 때문이다. 특히 다채널시대 이전의 접점이 단일하고 방송이 강력했을 때를 생각하면 더 쉽게 체감할 수 있다. 이를테면 당시 방송은 '뉴스 보는 시간'과 '드라마 보는 시간' 같은 인식을 국민들이 갖게 할 정도로 일상의 문화를 디자인하고 이끌어가는 역할을 했었다. 이와 함께 방송사는 편성을 통해 주요 뉴스와 드라마, 예능 프로그램을 방송하는 프라임타임(Prime Time)을 창출해내고 광고 시간 띠를 사이사이에 편성하며 높은 단가를 책정해서 수익을 얻어낼 수 있었다.

인터넷과 함께 시작된 웹 시대의 초기 광고 형태는 신문과 방송의

매체별 대표적인 광고의 양식

| 지면 할당 | 시간(편성) 할당 | 검색 통한 연결 | 콘텐츠 기반 연결 |

지면부족
편성해체
소비주의

광고 모델을 차용하며 발전했는데 주로 '배너(Banner) 광고' 중심이었다. 강력한 이용자 접점을 만들어내고 거기서 창출된 이용자 주목(Attention)을 광고주에게 판매한다는 기본적이고 본질적인 광고방식의 연장선이었다.

그런데 시간이 지나면서 웹 기반에 최적화된 새로운 광고모델이 커다란 시장을 이끌어내며 자리를 잡았다. 바로 검색광고였다. 검색어에 맞춰 광고주를 연결해주는 검색광고는 노출 효과도 좋았고 광고주와 이용자 양측 모두 만족도가 높은 경우가 많았다.

예를 들어 강원도 평창군에서 펜션을 하는 노부부를 가정해보자. 펜션 이용자를 모으기 위해 광고를 하고 싶을 때 어떤 미디어를 찾아가야 할까? 광고를 노출해서 만나야 할 대상이 해당 지역이 아닌 수도권이나 타 지역에 있는 사람임을 고려하면 평창군 지역 내 매체는 제외된다. 매출 규모가 작은 사업자 특성을 고려할 때 광고 또한 소액 모델로 해야 마땅할 것이다.

반면 평창군으로 여행을 가기 위해 펜션을 예약하고 싶은 이용자를 생각해보자. 이들이 검색창에 '평창 펜션'을 입력해서 검색광고를 만났을 때 그 광고는 단지 회피하고 싶은 상업적인 광고에 불과한 것이 아니라 정보로서 작동할 수 있을 것이다.

결국 검색광고는 타깃에 맞춰 광고의 효용성을 높였다는 점에서 획기적인 모델로 손꼽힌다. 구글과 네이버 등 검색서비스 사업자가 검색광고를 통해 커다란 수익을 얻고 있는데 그만큼 광고주와 이용자들이 꾸준히 이 광고모델을 선호하며 애용하고 있음을 증명하는 것이다. 이와 관련해서 검색광고가 사회적 탐색비용을 줄이는 새로운 가치를 창출해냈다는 긍정적인 평가도 있다.

그러면 이제 모바일에서는 어떤 광고모델이 최적화된 모델인지 살펴보자. 이 부분은 아직 탐색전이 진행 중이고 정리되지 않은 상황으로 판단된다. 모바일 화면은 작다. 초기에는 웹 환경과 같은 배너광고 실험이 많았다. 하지만 클릭율은 매우 낮았다. 그나마도 실수로 잘못 눌러진 '오터치'가 많았다.

모바일에서는 검색광고도 기대에 못 미치는 등 일정한 한계가 있었다. 웹 기반에서는 소위 '클릭질'로 칭하듯 능동적이고 탐색적인 이용행태가 있었다면 모바일에서는 곧바로 결과물을 만나려고 하는 '직관적 소비'의 수요가 훨씬 크게 나타났다.

이렇게 기존 광고 모델을 접목해 기존의 모바일 광고 특징을 살펴보면 '땅'을 팔고 싶어도 화면이 작아 팔 공간이 별로 없고 '시간'을 팔고 싶어도 편성 권력이 해체되다 보니 제대로 작동이 되질 않았다. 아울러 검색광고의 효용성을 이어가고 싶지만 연결의 가치 또한 온전히 동일하게 작동하지 않았다.

그나마 멀티미디어 콘텐츠가 늘어나고 동영상 서비스가 확장되면서 동영상 클립 앞부분에 붙는 프리롤 광고(Pre-roll) 모델이 보편적으로 채택 및 실행되고 있는 상황이다. 유튜브 또한 기본적인 광고 모델로서 이를 채택하고 있다.(중간이나 말미에 붙는 Mid-roll과 Post-roll 광고도 있다) 하지만 모바일다운 콘텐츠로서 현재 짧은(Short-form) 콘텐츠 소비가 많은 상황에서 기존의 방송 광고모델은 이용자들의 저항감을 자아낼 수밖에 없어 보인다.

인터넷 도입과 함께 정보 접근성이 좋아지며 이용자 헤게모니도 커졌다. 모바일 환경에서는 이용자 헤게모니가 더욱 강력해지면서 직접적이고 직관적인 소비 수요가 높아진 것이다. 사람들이 즐겨 보는 콘텐츠 속에 자연스럽게 광고가 삽입되거나(PPL방식) 광고성 메시지를 우선하지 않고 콘텐츠 크리에이티브를 앞세우며 그 속에 적절히 녹여내는(Branded Content) 경우가 늘고 있다.

이러한 변화에 맞춰 현재 '광고는 콘텐츠 안으로 들어갈 수밖에 없다'는 주장이 시사하듯 '콘텐츠 마케팅'에 대한 관심이 늘고 있으며 온라인 마케팅의 대안적 모델로 회자되고 있다.

사람들에게 공유되는 콘텐츠를 만들어라!

콘텐츠 마케팅은 콘텐츠가 직접 마케팅 역할을 하는 것을 말한다. 프로그램의 PPL이 아니라 광고성 콘텐츠이지만 스토리텔링을 통해 자체로도 완성도가 높은 콘텐츠들을 말한다. 현재 콘텐츠 마케팅은 기업이 자체적으로 제작하는 콘텐츠나 크리에이터(혹은 인플루언서로도 불린다)와의 협업으로 만든 콘텐츠를 통해 이루어지고 있다.

2019년부터 본격화된 주목할만한 점으로 기업이나 공공기관에서 유튜브에 OOTV라는 이름의 채널을 많이 개설한 것을 볼 수 있다. 이들 자체 채널에서는 기업(기관) 소식과 신제품 소개뿐만 아니라 내부 구성원들이 직접 나와 자신의 업무를 이야기하고 웹드라마 형식으로 소속기업(기관) 브랜드를 홍보하기도 한다.

크리에이터와의 협업 콘텐츠 또한 다양한 방식으로 만들어지고 있다. 영국남자 채널에는 해외의 유명 스타들이 많이 출연하는데, 그들이 우리나라 음식을 맛보고 경험하는 콘텐츠를 통해 영화를 홍보하곤 한다. 또한 한 세제 브랜드가 유튜버와 협업한 콘텐츠가 1천만 뷰를 만들어내기도 했다. 이렇게 잘 기획되어 만든 콘텐츠는 가장 강력한 홍보 마케팅 수단이 되었다.

모바일 시대의 콘텐츠 마케팅은 좀 더 빠르고 강력하게 사람들을 사로잡을 수 있는 콘텐츠여야 한다. 이용자들은 조금이라도 지루하면 추천 피드를 스크롤해 바로 다른 콘텐츠로 떠나 버리기 때문이다. 매력적인 콘텐츠가 되기 위해서는 모바일 소비자의 특성을 고려해 사람들을 사로잡을 수 있는 인트로와 몰입하게 만드는 스토리, 그리고 이를 직접 소비로 연결시킬 수 있는 혜택 등이 잘 어우러져야 한다.

그러다 보니 유튜브에서 인기 있는 콘텐츠들은 '기승전결'이 아닌 '결승전결'로 구성된 경우가 많다. 심지어 일부는 '결-결'로 핵심만 집중하는 콘텐츠도 있다.

처음부터 강한 효과로 눈길을 사로잡고 재미와 유머, 또는 공감과 감동을 일으키는 스토리로 최대한의 몰입을 이끌어낸 후 이를 소비자의 욕망과 연결시켜 제품을 홍보하는 것이 중요하다는 이야기다.

콘텐츠 마케팅 플랫폼의 등장이 가속화되다

자체 채널을 바로 키우기 힘든 많은 기업들이 선호하는 것이 유명 유튜버와의 협업이다. 개개인으로 활동을 하던 유튜버들을 조직화시킨 MCN(Multi Channel Network)에서는 기업과 유튜버와의 협업을 조율하며 새로운 콘텐츠 마케팅 플랫폼으로 등장했다.

혼자서 모든 채널의 운영을 책임지던 유튜브 인플루언서들은 MCN을 통해 매니지먼트 되면서 공중파 방송에 진출하거나 자신이 CF 모델이 되어 제품을 홍보하기도 한다.

대표적인 MCN인 샌드박스 네트워크는 유튜브 크리에이터로 활동하던 도티가 친구와 함께 공동창업한 회사로 2019년 하반기 현재 300여 명의 크리에이터가 소속되어 있다. YG에 소속돼 있던 연예인 유병재가 샌드박스 네트워크로 매니지먼트사를 옮기면서 화제가 되기도 했다. 샌드박스 네트워크의 지향은 디지털 엔터테인먼트 기업이다.

국내에서 가장 먼저 MCN 사업을 시작했고 소속 크리에이터가 가장 많은 곳은 CJ ENM에 들어 있는 DIA TV다. 그리고 트레져헌터와 비디오빌리지 등이 있다. 이들 MCN의 주요 사업모델이 콘텐츠 마케팅 중개 사업이다.

이외에 브랜드와 제작진영(크리에이터 및 디지털 스튜디오)을 연결해주는 콘텐츠 마케팅에 특화된 광고 중개 플랫폼도 등장하고 있다.

▼유뷰트 콘텐츠 마케팅 중개 플랫폼의 대표주자, FAMEBIT
(이미지 출처 : FAMEBIT 공식 홈페이지)

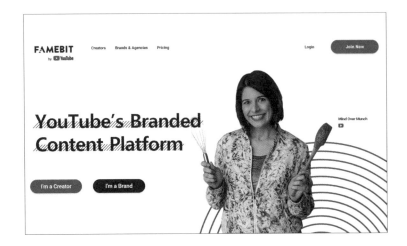

미국은 상대적으로 먼저 중개시장이 활성화되었는데 대표적으로 FAMEBIT(www.famebit.com)과 같은 업체가 있다. 브랜드는 자사에 어울리는 적합한 콘텐츠 제작자를 마치 쇼핑몰에서 둘러보듯 찾아 볼 수 있고 반대로 크리에이터 등 창작자는 브랜드들의 캠페인 공지를 쉽게 확인하고 지원할 수 있는 방식의 중개 모델이다.

이는 크리에이터 입장에서 볼 때 매우 유용한 수익모델로 자리 잡아가고 있다. 유튜브의 광고비 배분모델 자체만으로는 제작비 충당이 만만치 않은 경우가 많기 때문이다. 이런 흐름에 대해 유튜브는 자체 보유 광고모델의 보완재로서 인식한 것인지 일찌감치 신생기업인 FAMEBIT을 인수한 바 있다.

국내에서도 이와 유사한 중개서비스나 플랫폼이 속속 등장하고 있다. 필자가 몸담고 있는 '네오캡(Neo CAP : Content Ads Platform)' 도 이러한 중개서비스를 하고 있으며 유커넥, 미디언스, 픽업, 빅펄 등이 있다. 인플루언서 중개서비스나 중개플랫폼의 특징은 포털과 마찬가지로 양면시장의 성격을 띠고 있다는 점이다. 브랜드와 제작 진영을 잇는 매칭 플랫폼으로서 양 진영이 만족해야 네트워크 연결 이 지속될 수 있기 때문이다.

서비스의 연결 방식은 직접적인 발주 같이 제작지원 방법으로 진 행되는 단순 연결모델도 있고, 다수의 크리에이터들이 참여하는 자 유경쟁 방식도 있다. 더불어 캠페인 실행 후 실제 성과(Performance) 를 토대로 당초 설정한 예산 범위에서 정산, 배분하는 인센티브 모 델도 있다. 성과 측정과 관련해서는 동영상 조회수 외에도 '좋아요' 와 '댓글', '공유' 등을 활용, 이용자 관여도(User Engagement)를 확인 할 수 있는 지표(Index) 개발이 활발히 이뤄지고 있다. 이렇게 다양 한 캠페인 사례가 늘어나고 데이터가 축적되면 직관을 뛰어넘는 효 율성 높은 콘텐츠 마케팅으로 발전될 수 있을 것이다.

콘텐츠 마케팅의 활성화는 양면적 특징이 있다. 한때 검색광고를 두고 '광고냐 정보냐'의 논쟁이 생겨났듯이 '광고인가 콘텐츠인가' 의 논란이 빚어질 수 있다. 기본적으로 상업적 이해관계가 우선되면 서 플랫폼과 콘텐츠 생태계가 혼탁해지는 것을 막는 법·제도적 질서 마련은 필요할 것이다. 하지만 초기 시장의 모습을 띤 현 상태에서는 공적규제가 앞서기보다는 자율규제 속에서 활성화 모색이 필요해 보인다. 이는 이용자들의 평가에 의해 자연스럽게 자정되고 정리될 수 있을 것이라고 기대하기 때문이다.

검색광고를 보자. 광고로서 상업적 목적에만 부합하고 이용자 만족을 떨어뜨렸다면 지속성을 갖기 어려웠을 것이고 제한됐을 것이다. 하지만 정보로서도 작동하는 나름의 유용성 덕분에 꾸준히 이어지고 있다고 볼 수 있다. 마찬가지로 콘텐츠 마케팅의 측면에서 이용자들이 '알고 보니 광고였잖아. 실망스럽다'는 피드백이 많은 브랜디드 콘텐츠는 자연스럽게 외면 받을 것이고 '광고여도 괜찮아. 재미있다'는 호응을 만들어 낸 브랜디드 콘텐츠는 긍정적으로 지속될 것이다.

이렇게 브랜디드 콘텐츠에 대한 긍정적 호응과 지속성이 생겨난다면 콘텐츠 마케팅은 크리에이터를 중심에 둔 새로운 뉴미디어 창작 생태계 구축과 맞물려 선순환 구조를 이룰 수 있을 것이다.

커머스 & 유튜브: 일확천금의 기회를 꿈꾸다

유튜브는 새로운 기회의 땅으로 인식되고 있다. 대도서관과 도티 같은 크리에이터가 공중파 방송에 출연하고, 보람튜브를 운영하는 보람패밀리가 서울 강남에 95억 원 상당의 빌딩을 구입했다는 언론보도가 나오면서 유튜버의 수익에 대한 궁금증이 다시 한 번 폭발했다. 미국 유튜브 분석사이트인 소셜블레이드는 보람패밀리 채널 분석 결과 월 매출액이 최대 37억 원에 달할 것으로 추정했다. 이는 대부분 채널 광고 수입인데 유튜브 영상의 앞과 중간에 삽입된 광고 영상으로 거둬들이는 수익을 말한다.

유튜브가 다른 소셜미디어와 다른 점은 크리에이터들에게 직접 수익을 나눠준다는 점이다. 일정 요건이 된 유튜버는 직접 자신의 영상에 광고를 넣을 수 있고 이 수익으로 새로운 콘텐츠를 제작하며 유튜브 콘텐츠 생태계를 풍부하게 하는 선순환을 만든다.

수십만 명의 구독자를 거느린 유튜버는 자체로 마케팅 기업이다. 그러다 보니 직접 제품을 만들어 판매하기도 한다. 먹방 유튜버가 기업의 제품을 홍보해주는 것에서 더 나아가 건강식을 직접 만들어 판매한다거나 뷰티 유튜버가 직접 화장품 브랜드를 론칭해 구독자들에게 판매하는 것이다.

기업 또한 브랜드나 커뮤니케이션 채널에서 확장해 직접적인 커머스 채널로 유튜브를 활용하기 시작했다. 한국방송광고진흥공사(코바코)와 광고업계에 따르면 2019년 8월 '식품 및 비주류 음료' 지상파TV 광고경기전망지수가 84.6을 기록했다. 이는 식품업계 광고주들이 지상파TV 광고 지출을 큰 폭으로 줄이고 있다는 것을 의미한다. 자료에는 TV와 라디오, 신문 광고비가 모두 하락한 반면, 온라인-모바일 광고비는 상대적으로 증가한 것으로 나왔다.

특히 유튜브의 특성을 잘 살릴 수 있는 식품이나 패션업계의 브랜드에서는 더욱 적극적으로 유튜브를 활용하고 있다. 이미 지상파 방송국의 광고에서는 10대 20대를 겨냥한 광고들을 상대적으로 찾아보기 어려운 실정이다.

콘텐츠에 대한 충성도가 제품의 충성도로 확장되다

미디어 커머스를 논할 때 최근 자주 거론되는 유튜버 스타가 있다.

힙합 래퍼인 염따이다. 잘생기지도 않았고 젊지도 않다. 30대 래퍼 염따는 스스로 '저는 랩과 돈을 좋아하는 30대 아저씨입니다'라고 소개한다.

그는 2006년에 데뷔했지만 거의 10년간 힙합팬들에게만 인지도가 있는 정도였다. 자신의 음악을 알리기 위해 염따는 유듀브와 인스타그램 등 SNS를 활용해 팬들과 적극적으로 소통을 시작했다. 힙합씬에서 유행하는 'FLEX'란 용어는 주로 자신의 재력이나 부를 자랑하는 행동을 말하는데 그는 2019년초 SNS 채널에 'FLEX 하고 싶다'며 자신이 직접 제작한 티셔츠 판매를 시작했다. 그의 예상을 뛰어넘어 6천만 원 가량의 수익을 낸 염따는 콘텐츠 제작사 딩고와 함께 또 다른 콘텐츠를 만들었다.

딩고 프리스타일 채널을 통해 그는 티셔츠 판매 수익금을 현금으로 들고 다니며 앉은 자리에서 중고 캐딜락 자동차를 사버리는 모습을 가감 없이 보여준다. 염따는 자신의 유튜브 채널에서 허세를 부리는 모습과 실제 생활의 짠내를 함께 보여주며 사람들의 공감을 불러일으켰다.

마음에 드는 물건은 그 자리에서 전 재산을 동원해서라도 구입한다. 그렇지만 이왕이면 합리적으로 구입하기 위해 딜러와 실랑이를 하고 연비를 따지기도 한다. 그러면서도 결국 갖고 싶은 것은 갖는다. 한 순간은 자신의 욕망을 따르며 FLEX 했지만, 그 다음 순간에

는 빈털터리로 쪼들리며 사는 모습이야말로 요즘 젊은 세대들의 자화상처럼 비쳐진다.

직접 굿즈를 판매하고, 혼자 제품을 일일이 싸서 택배로 보내는 모습을 방송한다. 이렇게 자신의 활동을 일일이 콘텐츠로 만들었던 염따는 2019년 하반기에 또다시 이슈를 불러일으켰다.

그는 유명 래퍼 더콰이엇의 벤틀리 차를 몰고 가다 사고를 냈다며 이를 수리하기 위해 다시 티셔츠를 판매한다는 공지를 올렸다. 그런데 사흘 만에 무려 21억 원의 매출을 올리게 된다. 사람들은 그의 제품을 샀다기보다는 그의 스토리에 호응하며 함께 재미를 공유하는 과정으로서 선뜻 티셔츠를 구입한 것이다.

염따의 유튜브는 소위 '허세' 부리는 인간의 모습을 자신이 직접 등장해 보여줌으로써 역으로 그 '허세'가 얼마나 허무한지를 보여준다. 실제 염따는 돈이 아닌 구독자들과 소통을 더 중요하게 생각한다고 말한다. 이런 그의 모습이 가감 없이 유튜브에 방송되고 사람들의 신뢰를 얻으며 그의 굿즈가 폭발적으로 판매된 동력이 된 것이다.

이전까지의 브랜드 콘텐츠는 제품의 기능과 우수함에 맞춰져서 만들어지는 경우가 대부분이었다. 하지만 염따의 사례에서도 볼 수 있듯 사람들의 공감을 얻는 콘텐츠야말로 가장 강력한 커머스 콘텐츠라는 것을 알 수 있다.

공감, 소통, 이색 콘텐츠로 소비자의 시선을 사로잡다

커머스 분야의 기업 채널 중 2019년 대표적으로 이슈가 된 채널은 무신사TV라고 할 수 있다. 패션잡지를 보던 시대와 패션 전문방송을 지나 이제는 직접 패션 기업의 유튜브TV를 보며 원하는 스타일과 제품을 매칭하는 시대가 되었다.

패션 종합몰 무신사의 경우 2019년 4월 무신사TV를 개설한 뒤 반년 동안 구독자가 8만 명을 넘어서는 등 긍정적 반향을 얻었다. 채널 개설 초기부터 자사몰에 어울리는 카테고리를 정해 콘텐츠를 올리고 있는 무신사TV는 모델 정혁이 스트리트 패션을 소개하는

▼자체 채널을 통해 커머스 콘텐츠를 제작하는 패션 기업의 유튜브 채널, 무신사TV
(이미지 출처 : 유튜브 MUSINSA TV 채널)

'ON스트릿'을 비롯하여 스니커즈 전문 리뷰 코너인 '신세계', 무신
사 직원들의 출근 패션을 볼 수 있는 '무신사출근룩', 패셔니스타의
옷장을 보여주는 '쇼미더클로젯', 구독자들의 요청에 따라 제작되는
'창다로우 사용 설명서' 등 다양한 코너로 패션을 소개하고 있는 것
이 특징이다.

　누구나 간단히 따라할 수 있는 1분 코디부터 유튜브의 특징을 잘
잡아낸 ASMR까지 콘텐츠의 형식과 소재를 다양화한 무신사TV는
편당 2만~3만 조회수를 기록하며 새로운 패션 방송으로 자리잡고
있다.

　패션 기업의 경우 지금까지는 방송 프로그램 협찬과 연예인 협찬,
유튜버나 인스타그램 인플루언서에게 제품 협찬 등을 통해 자사의

제품을 홍보하는 경우가 대부분이었다. 하지만 무신사TV처럼 기업
들이 자체 채널을 통해 본격적인 커머스 콘텐츠를 제작하는 사례가
늘어날 것으로 전망된다. 또한 처음부터 기획이 잘 된 컨셉의 채널
은 공감 콘텐츠와 더해져 그 자체로 고객과의 소통창구 및 판매 창
구가 될 것이나. 이는 고객과의 신뢰기반으로서 이용자 집짐의 중요
성을 재발견하는 과정으로 이해할 수 있다. 유튜브와 같은 소통형
콘텐츠 플랫폼을 통해 이용자 접점의 창출과 유지, 강화를 위한 각
축전은 계속 이어질 전망이다.

알고리즘 & 유튜브: 중요하고 개선 시급한 사회적 이슈로 떠오르다

유튜브는 이제 모바일 환경에서 사람들이 가장 자주, 많이 소비하는 미디어가 되었다. 특히 정보소스로서 유튜브 링크를 주고받는 경우가 부쩍 늘고 있다. 예를 들어 카카오톡과 같은 메신저 대화를 생각해보자. 대화중에 필요한 정보를 링크로 주고받는 경우가 많은데 예전에는 "이런 뉴스 봤어?" 하며 네이버 혹은 다음의 링크를 공유할 때가 많았다. 요즘은 유튜브 영상 링크가 그 자리를 대체하는 빈도가 높아지고 있다.

이제 유튜브 최적화가 필요하다

가족 카톡방에 어르신들이 올리는 링크가 네이버에서 유튜브로 바뀐 것만 보더라도 유튜브 링크가 정보 소스로서 중요성이 높아졌음을 쉽게 체감할 수 있다. 미디어는 중개자라고 할 때 유튜브의 미디어파워는 실로 막강하다.

기업 브랜딩이나 상품 판매에서도 유튜브는 중요한 플랫폼으로 자리 잡고 있다. 웹에서 브랜딩을 제대로 하기 위해서는 사람들이 검색을 할 때 그 결과값으로 우리 기업과 제품의 정보가 포함되어야 한다. '디지털 시대, 검색되지 않으면 존재하지 않는다'는 말은 그런 맥락을 담고 있다.

지금까지 네이버 검색최적화와 구글 검색최적화를 이야기해왔다면 앞으로는 '유튜브 최적화'를 고민해야 한다. 기업이나 관공서가 공식블로그를 운영하고 페이스북 팬페이지를 만든 것처럼 유튜브 채널을 앞다투어 개설하는 것과 크리에이터 협업 등에 나서고 있는 것은 바로 이런 이유 때문으로 풀이된다.

유튜브 접근 경로 세 가지

그렇다면 사람들은 유튜브 내에서 어떤 방식으로 콘텐츠를 찾을까? 유튜브 시청 경로는 크게 3가지로 볼 수 있다. 검색을 해서 찾은 영상을 시청하거나 구독 설정한 채널에 올라온 영상을 보는 경우, 마지막으로 추천 피드(Feed)를 통해 연결하여 보는 경우다.

조사기관들의 유튜브 시청경로에 대한 자료를 살펴보면 대체로 저

▼세대별 접근 경로는 저연령대일수록 구독을 통해, 고연령대일수록 검색을 통해 영상을 시청하는 경우가 많았다.
(자료 출처: 메조미디어, 2018 디지털 동영상 이용 행태 조사)

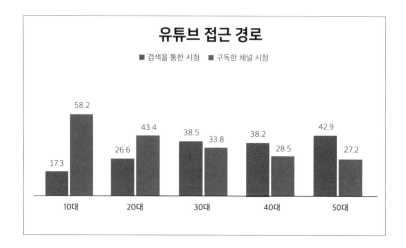

연령대일수록 채널 구독을 통해 시청하는 경우가 많았고, 연령대가 높아질수록 검색을 통한 영상 시청의 비중이 높게 나타났다.

　조사결과에는 잘 드러나지 않지만, 유튜브의 추천 피드는 모바일 환경에서 가장 강력한 소비 방식으로 떠오르고 있다. 유튜브앱의 모바일 화면을 보면 내가 보고 있는 영상 하단에 '다음 동영상'이라는 메뉴로 다양한 동영상이 추천된다. 사람들은 자연스럽게 유튜브 알고리즘으로 추천된 다음 영상을 보게 된다. 최근 <뉴욕 타임스> 기사를 보면 유튜브가 추천한 동영상을 소비하는 비율이 70%에 육박한다고 한다.

▼유튜브 추천 알고리즘. 유튜브앱에서 영상을 보면 하단에 다음 동영상 콘텐츠가 추천된다. 프리미엄 서비스에는 첫 상단의 광고가 없고 곧장 다음 동영상이 뜬다.
(이미지 출처 : 유튜브 워크맨 채널)

유튜브 알고리즘, 중요한 사회적 이슈

유튜브의 추천동영상이 얼마나 강력한 영향력을 갖고 있는지는 2019년 치러진 브라질 대통령 선거의 결과를 통해 사회적 이슈가 되었다. 브라질은 미국 다음으로 유튜브를 많이 사용하는 국가다. 이번에 대통령으로 당선된 자이르 보우소나루는 극우 성향의 후보자로 '브라질의 트럼프'라고 불린다. 그는 인종차별과 여성혐오, 동성애 혐오 발언 등으로 유튜브에서 유명세를 얻었다. 그런데 어느 순간 젊은층들에게 인기 스타가 되며 대통령에 당선이 됐다.

자이르 보우소나루 당선과 관련해서 <뉴욕 타임스>가 취재보도한 기사를 간략히 정리해보면 다음과 같다. 한 청년이 유튜브에서 음악 동영상을 즐겨보곤 했는데 우연히 보우소나루의 유튜브 영상을 보게 됐다고 한다. 이후 관련 동영상이 계속 유튜브 추천 피드에 올라오면서 그의 주장을 자주 접하게 됐고 급기야 그의 주장에 동조하게 됐다는 것이다.

추천동영상을 계속 소비하다 보면 점점 더 자극적인 콘텐츠와 만나게 된다. 소위 '가짜뉴스'로 불리는 허위조작정보와 음모론 등 검증되지 않은 자극적인 콘텐츠를 접한 젊은 세대는 사회에 대한 균형 잡힌 시각이 아닌 유튜브에서 추천해주는 한쪽의 주장에 동조하고 빠져들게 되기 쉽다. 마찬가지로 새로운 미디어에 익숙하지 않은 50대 이후의 사람들 또한 유튜브의 정보를 검증하지 않은 채 사실처럼 받아들이는 경우가 많다.

유튜브의 알고리즘은 무조건 체류시간을 늘리는 방향으로 짜여 있다. 이는 유튜브의 추천 시스템 분야에서 3년간 근무했던 엔지니어 기욤 샤스로가 영국 <가디언지>와 인터뷰하며 밝힌 내용이다. "유튜브의 추천 알고리즘은 진실에 가깝거나 균형 잡혀 있거나 민주주의에 도움이 되는 식으로 작동하지 않는다. 오로지 이용자들의 체류시간을 늘리는 게 최우선이다."

이와 관련해서 헨리 파렐 미국 조지워싱턴대 교수는 "페이스북과 유튜브 등 온라인 서비스 회사들이 직면한 문제를 해결하려면 알고리즘을 바로잡을 인간의 판단이 더 필요하다"고 지적한 바 있다.

유튜브는 스스로 가치중립적인 플랫폼을 지향한다고 밝히고 있다. 하지만 유튜브가 사용자들의 체류시간 증대라는 상업적 목표를 계속 우선시하는 동안에는 소비자들이 지속적으로 자극적이고 편향된 정보를 소비하게 되는 현실은 쉽게 바뀌지 않을 것으로 보인다.

모두가 미래 변화를 따라잡기 위해 미래를 전망하고, 트렌드를 읽는다. 2020년 유튜브 트렌드를 주요 키워드로 살펴보고 변화의 흐름에 발맞춰보자. 전체를 관통하는 하나의 주제어는 알고리즘(ALGORITHM)이다.

구글과 네이버로 대변되는 웹시대에서 "검색되지 않으면 존재하지 않는다"는 말이 나올 정도로 지금까지 디지털 세상에서 존재의 의미는 검색 연동을 통해 가늠되었다.

이제 모바일 시대, 유튜브가 가세했다. 알고리즘을 통해 추천되거나 검색되지 않으면 존재하지 않는 상황이 되고 있다. 알고리즘의 중요성은 더욱 더 높아지고 있다. 동시에 커진 역할 및 영향력과 함께 알고리즘은 사회적 주요 이슈로 떠올라 있기도 하다.

ALGORITHM 키워드로 도출한 유튜브 트렌드 9

Aggravation (Aggro, 어그로)
Let's Summary (요약)
GXWM (Get X With Me, 공유경험)
Optimization (최적화)
Recall (추억환생)
Idiot Box (바보상자)
Tension (텐션병맛)
Hyper-Reality (초현실)
Money (돈)

PART 2.
2020 유튜브 9대 트렌드, ALGORITHM을 주목하라

1. Aggravation (Aggro, 어그로)
당신은 '관종'인가?
지금 어그로 끌고 있지 않은가?

통상 '어그로'라고 짧게 줄여 쓴다. 인터넷 용어로 불리며 최근 많이 알려진 단어다. 본래 이목을 집중시키는 행위를 뜻한다. 좀 더 친절한 풀이를 해보자면 '관심을 끌고 분란을 일으키기 위하여 자극적인 내용의 글을 인터넷 게시판에 올리거나 악의적인 행동을 하는 일'을 뜻한다.

'어그로'가 넓어지고 있다. 대중적 용어로 확장되고 있는 것이다. 하지만 아직 '들어는 봤지만 정확히 어떤 의미인지, 어떤 경우에 써야 하는지 모르겠다'는 사람도 많다. 여러 사례를 모아보니 '어그로'를 두 가지 차원으로 나눠서 이해할 수 있을 것 같다. 먼저 '발랄하고 귀여운' 어그로다.

유튜브에서 급증하고 있는 '크리에이터' 혹은 '인플루언서'로 불리는 1인 창작자들이 기본적으로 '장착'하고 있는 관심 받고 싶은 마음을 말하며 '관종의 기질'을 뜻하는 경우다. 콘텐츠를 기획하고 촬영-편집으로 이어지는 고된 일을 마다않고 열심히 해서 유튜브에 게시할 때 그들이 얻는 보상은 무엇일까? 이들은 보통 조회수는 물론 좋아요와 댓글, 공유 등의 숫자를 수시로 확인하며 사람들의 피드백에 초조해 한다. 관심 받고 싶고 긍정적인 피드백을 얻고 싶어 한다. 나아가 사람들과 소통하며 커뮤니티를 꾸려가려고 한다.

온라인에서 자신의 평판을 의식하는 것은 이미 대부분 인터넷 이용자들에겐 본능처럼 작동되고 있다. 온라인 중고거래마켓에서의 평점이 그러했고 페이스북과 인스타그램, 밴드 등 소셜미디어에서 자신의 글과 사진에 좋아요와 댓글이 얼마나 달리는지 자주 확인하고 싶은 마음이 바로 그것이다. 이를 '영향력 중독'이라고도 한다.

이렇게 보면 '어그로'의 속성은 인터넷과 모바일 기반, 혹은 크리에이터들에게만 해당되는 게 아니다. 사람들 누구나 갖고 있는 보편적인 감성이라고 할 수 있다. 유튜브를 포함해 자신을 표현하는 미디어 행위의 접근성이 대폭 높아지면서 '어그로'의 양상은 좀 더 구체적으로 발현되고 있다.

하지만 밝은 면만 있는 것은 아니다. '어그로'의 다른 갈래는 극단적인 경우가 많아 '부정적이고 불편한' 차원이다. 선동적이고 자극적인 콘텐츠로 사람들을 끌어모으려는 '관종'의 어두운 면과 맞닿아 있다. 소위 '가짜뉴스'로 지칭되는 사회적 허위조작정보 논란도 이런 면과 관계가 있다. '혹세무민'하는 콘텐츠로 사람들을 모으고 수익이 생기면 다시 더 자극적인 콘텐츠를 만드는 식으로 악순환이 이어지는 경우가 많다.

'5.18 광주에 왔던 북한 특수군'이라든지, '문재인은 간첩이다'란 제목 등을 내건 영상은 말 그대로 '어그로'를 위해 허위정보도 마다않는 경우다. 그리고 '한류 케이팝과 일루미나티'란 제목의 영상도 있다. 세계정복을 꿈꾸는 비밀결사체가 K-pop을 통해 대중을 조정하려 한다는 식의 '음모론'을 주장하며 어그로를 끄는 경우다.

단순 의혹제기도 아니고 아예 사실로 단정하며 자극적인 주장을 펼치기도 한다. 특정한 그룹에선 메신저로 해당 콘텐츠의 유튜브 링크를 퍼나르며 확산을 도모하기도 한다.

유사한 예시는 끝이 없다. 사회적 우려는 물론 구체적인 대응책을 마련하기 위한 노력도 많이 나오고 있다. EU에서도 논의가 활발하고 국내에서도 정부와 정치권에서 실효성 있는 대책 마련을 고심하며 논의를 이어가고 있다. 사회적으로도 미디어업계와 개인 차원에서 다양한 '팩트체크' 콘텐츠가 제작되어 공유되는 등 나름의 정화 움직임이 생겨나는 중이다.

부정적 '어그로'는 이러한 사회적 대응 노력과 함께 이용자들의 '미디어 리터러시'가 높아지면서 그 폐혜가 조금씩 줄어들 것으로 전망된다.

2. Let's Summary (요약)
핵심만 알고 싶어?
그럼 내가 대신 요약한 걸 봐!

요점 정리 콘텐츠는 많은 이용자들에게 유용함을 준다. 요약 그 자체야 유구한 역사를 지녔기에 새로운 트렌드라고 말하기가 애매할 수도 있지만 유튜브가 새롭게 불을 붙였다고 할만한 '요약정리' 현상은 가만히 짚어보면 새삼스럽고 열풍이기까지 하다. 왜 이런 현상이 생겼을까?

우선 동영상 포맷과 요약설명이 잘 어울리기 때문이다. '백문이 불여일견(百聞不如一見)'이란 말이 있듯이 어떤 개념이나 현상을 설명할 때 동영상으로 보여주는 것이 무척 편리하고 쉬울 때가 많다. 동영상 콘텐츠가 빠르게 확산되는 이유 중에는 이렇게 짧은 요약설명 콘텐츠에 대한 선호가 높은 것도 중요한 요인이 되었다.

또한 이런 현상에는 젊은 세대의 특성도 한몫했다는 분석도 있다. EBS 교육방송의 '인강'(인터넷 강의 영상)을 통해 공부를 했던 젊은 세

▼대표적인 요약 정리 콘텐츠인 VOX의 'explained' 영상 메인 화면
(이미지 출처 : 넷플릭스 explained 홍보 이미지)

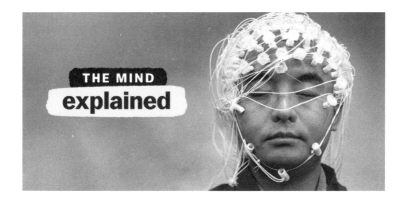

대는 동영상을 통해 이해를 넓히는 데 익숙하다는 것.

　그 다음으로 요약이 붐이 된 이유는 '요약설명' 동영상 포맷이 많이 개발된 점도 꼽을 수 있다. 미국의 뉴미디어그룹 VOX의 소위 'Explain 영상'은 다양한 포맷이 개발되어 다수의 이용자에게 호응을 얻고 있다. 이 포맷은 유튜브 외에도 여러 OTT에서 차용하며 확산되고 있기도 하다. VOX는 넷플릭스에 'explained'란 타이틀로 미니 다큐멘터리 시리즈를 공급하고 있다.

　영상문법도 새로운 시도가 늘고 있다. 통상적인 기승전결이 아닌 '결승전결' 혹은 아예 '결-결'로 간명하게 끝내는 작법도 자주 사용된다. 축구 하이라이트 영상을 생각하면 된다. 가장 극적인 골 장면(결)이 나오고 이후에 슬로 모션으로 골을 넣는 법을 다시 보여주거나 그 골이 만들어지는 과정을 세세하게 보여준다. 마지막으로 다시

골 장면으로 마무리되는 식이다.

요점정리 영상은 확장성도 좋다. 내용의 유용성에 대한 공감대가 생기면 공유가 잘 되는 등 바이럴(Viral) 현상이 자주 일어난다. 이렇게 소셜미디어와도 잘 어울리다보니 더욱 확산되는 추세다.

요점정리가 대중적으로 잘 어울리는 영역은 영화와 책이다. 이제 영화와 책을 고르기 위해서는 요약영상을 참고하는 것이 필수적이라고 여겨질 정도로 반응이 뜨겁다. '알려줌' 채널의 경우 2시간짜리 영화를 10분 안팎으로 요약해서 설명해준다. 또한 300~400페이지 책을 단 10분 내외로 요약해서 알려주기도 한다.

요약영상은 영역의 제한도 없다. IT를 포함 틈새시장으로 불릴 만한 다양한 영역에서도 다이제스트(Digest) 영상이 쏟아지고 있다.

요약영상의 강점은 단순히 시간을 줄여 정보를 취할 수 있게 만드는 효율성뿐만 아니라 중요한 대목을 뽑아 큐레이션을 해주고 거기에 크리에이터 자신의 생각을 좀 더 곁들여서 의미를 풀어준다는 점도 있다. 이렇게 제작하는 이들이 추가로 덧붙이는 관점과 코멘트가 오히려 더 공감대를 불러일으키기도 한다. 이것을 새로운 가치의 창출로도 이해할 수 있다. IT업계에선 모바일 시대에는 직관적인 서비스가 잘 어울리고 도우미 서비스(Agent Service)가 중요해진다는 전망이 있었는데, 유튜브의 요약영상들이야말로 도우미 서비스의 좋은 예시라고 보인다.

3. GXWM (Get X With Me, 공유경험)
나와 함께 해보자! 무엇이든

GRWM(Get Ready With Me)는 이미 제법 알려진 용어다. 뷰티 콘텐츠의 포맷이다. 마치 요리 레시피를 설명하듯이 출근이나 외출 전에 화장을 하면서 시청자들과 소통하는 방식이다.

이 포맷의 유용성 덕분인지 '나와 함께 공부를 같이 해보자'(GS-WM: Get Study With Me) 등 다른 영역으로 확장됐다. '(AM10-PM11) 서울대 의대 도서관에서 같이 공부해요 | 실시간'은 오전 10시부터 밤 11시까지 11시간 55분 동안 라이브 방송을 한 뒤 업로드한 영상이다. 크리에이터 '서울대 정선생'의 채널이다.

고3여학생(진자림)이 독서실에서 한 시간 같이 공부하자고 올린 영상도 있고, '서울시립대 독서실에서 같이 공부해요'란 영상도 있다. '공부의 신'으로 유명한 강성태는 유튜브 채널에서 5~10시간짜리 ASMR 영상을 종종 제공한다. 잔잔한 피아노 음악과 빗소리 등이 담

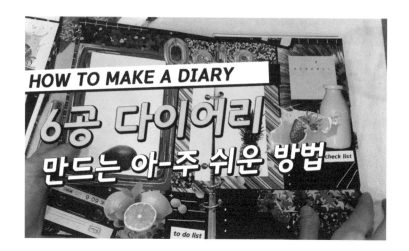

겨 있는데 이 또한 GSWM 영상이다. 조회수가 5백만에 육박하는 피아노음악 영상에선 댓글이 7,500개가 넘는데 서로 응원하는 훈훈한 장면이 연출되기도 한다.

GSWM은 공부에만 해당되지 않는다. GSWM 가운데 S가 샤워(Shower)인 영상(욕실템들 소개)이나, 면도를 같이 해보자는 Get Shave With Me, 스키를 함께 타보자는 Get Ski With Me 등도 있다.

GDWM도 있다. D는 Diary를 의미한다. 유튜브 크리에이터 보짠은 Get Diary With Me 콘텐츠를 만든다. 다이어리를 다양한 속지와 스티커 등으로 꾸며보는 채널이다. GDWM영상은 35분짜리도 있고 긴 것은 1시간 20분도 있다.

GDWM은 Get Drunk With Me도 있다. 함께 먹고(Get Eat With Me), 함께 편집하자(Get Edit WM), 함께 운동하자(Get Fit WM, 혹은 Get Healthy WM), 일자리 같이 구해보자(Get Job WM) 등산같이 하자 (Get Mountain WM), 짐을 같이 싸보자(Get Pack WM)도 있다. 주말에 교회를 가는 일상 브이로그를 제작하면서 GCWM(Get Church With Me)로 제목을 단 유튜버도 있다. 그리고 GUWM도 있는데 이는 Get Unready With Me, 즉 GRWM의 반대를 뜻한다. 밤에 잘 준비하며 화장을 지우는 과정을 담은 영상으로 피부 케어 요령을 많이 알려 준다.

이렇게 '나와 함께 X를 같이 해보자'(GXWM)라는 형태의 포맷은 다양한 영역에서 기발한 동참제안이나 소통의 양식으로 발전해가고 있다.

4. Optimization (최적화)
그들만의 문법, 그들이 사는 세상에 맞춰라

최적화는 알고리즘과 동전의 양면처럼 맞닿아 있는 중요한 용어다. 웹기반에서 SEO(Search Engine Optimization)가 중요했다면 이젠 그만큼 유튜브 최적화(YTO : YouTube Optimization)도 중요해졌다.

뷰티 제품을 판매하는 한 회사의 경영자와 미팅을 할 때 이런 애기가 오간 적이 있었다. "페이스북과 인스타그램까지는 따라잡고 했는데요. 이제 유튜브가 중요한 건 알겠는데 막상 해보니 시간도 너무 걸리고 어렵네요. 이걸 꼭 해야 하는지, 왜 해야 하는지 의문이 들어요"라는 질문이었다.

"유튜브 '최적화'란 관점에서 한번 생각해보시면 어떨까요. 많은 사람들이 유튜브에서 머물고 추천 피드와 검색을 통해 콘텐츠를 접하는데, 경쟁사 브랜드와 제품은 있고 우리 브랜드와 제품은 접점이 없다면 어떻게 될까요?"라는 답에 질문자가 고개를 끄덕이며 동감을 표시했다.

유튜브 최적화의 핵심은 무엇일까? 우선 검색을 했을 때 바로 발견할 수 있어야 하고, 아울러 추천 피드(Feed)에 걸려서 노출이 이루어져야 한다. 구독자를 늘려 알림으로 유입되는 것도 방법이다. 어떻게든 결국 이용자와 만날 수 있어야 한다.

이미 상당수 채널에선 최적화를 위해 다양한 방법을 구사하며 노하우를 쌓아가고 있다. 이는 영상의 제목과 설명(Description), 썸네일(Thumbnail) 이미지 등을 효율적으로 작성하는 것을 포함한다.

'인어교주해적단'이란 채널이 있다. 요즘 유튜브의 해산물 키워드는 여기와 '애주가TV참PD' 두 곳이 '꽉 잡고 있다'는 게 업계의 정설이다. 인어교주해적단은 수산물 시세를 알려주고 제휴 점포 및 관련 맛집을 홍보해주는 회사이다. 바이럴 마케팅을 열심히 하는 것으로 보이는데 유튜브에서 해산물과 회에 관련된 영상을 보다보면 우측 추천 피드에 자주 등장한다. 최적화에 공을 많이 들이는 듯하다.

'디렉터 파이'의 경우 정보성 콘텐츠로 이용자들에게 호응을 얻고 있는 대표적인 뷰티채널이다. 설명글(Description) 작성이 모범적이다. 주제에 맞는 콘텐츠 구성 및 리뷰하는 제품 리스트도 가격정보와 함께 자세히 적어준다. 특히 나름의 선정기준 또한 친절히 설명에 포함시킨다. 2016년 3월에 시작한 이후 3년 반 동안 총 200여 개의 영상을 게시했고 총 조회수가 7,600만에 달한다. 게시주기와 클

립당 평균 조회수도 제법 높고 '좋아요'와 댓글 등 이용자 소통 또한 활발한 편이다.

'파우더룸'은 네이버 카페가 유튜브로 옮겨오면서 맛깔나는 뷰티 콘텐츠를 뽑아내는 유튜브 최적화를 잘하는 채널 중 하나다. 화장품을 소개하는 영상들은 사람들이 궁금해 할만한 포인트를 잘 잡아내고 있다. '틴트 원가가 500원!?', '동물 실험 없이 화장품 어떻게 만들까!?', '유리아쥬 담당자가 말하는 퇴사하고 싶었던 순간' 등이 그러하다. 기획부터 이용자들의 호기심을 적절히 자극하고 뷰티 영역 내 관심 이용자들과 쉽게 만날 수 있게 키워드 접근성을 높이는 작업도 열심인 것으로 보인다.

금융권의 사례도 있다. 보안과 신용을 중시하는 금융업의 특성 탓인지 금융권은 이용자 소통의 방식과 내용 면에서 다소 딱딱한 경우가 많다. 그래서 다수의 금융회사들이 유튜브 채널을 개설하고 운영은 하지만 활성화된 경우가 그리 많지는 않다. 우리은행에서 '웃튜브'란 채널을 개설하고 다양한 시도를 하는데 나름 최적화 노력도 엿보인다. 은행만이 알려줄 수 있는 콘텐츠라는 특화된 강점과 콘텐츠 포맷의 재미를 잘 버무렸다.

취준생을 타깃으로 삼은 듯한 '은행원 술방'은 소소한 은행원의 삶을 통해 은행원이라는 직업에 대한 긍정적 인식을 심으려 노력한다. 일부 콘텐츠는 제목에서 호기심을 자아내는 등 어그로를 끌면서 내용에선 금융 상식을 녹여내 구독자들이나 동영상 시청자들에게 도움이 되는 정보를 전달해주기도 한다.

5. Recall (추억환생)
먼지 쌓인 콘텐츠들의 화려한 귀환! '온라인 탑골공원' 성지

2019년 하반기 유튜브에 갑자기 북적이는 광장이 여기저기 생겨났다. 이른바 '온라인 탑골공원'으로 불리는 새로운 문화적 현상이다. 2019년 가을 <SBS 인기가요>가 유튜브에 90년대 방송분을 스트리밍 서비스하면서 시작됐다. 방송을 할 때면 2만~3만 명이 동시접속해서 채팅창에서 다양한 '드립'을 쏟아내며 유쾌한 시청놀이를 한다. 어떤 가수와 유승준이 듀엣곡을 부르는 장면이 나오자 '한미합동공연'으로 칭하고 다른 이들이 반응하는 식이다.

이와 함께 유튜브로 추억의 영상들이 대거 소환되고 있다. KBS에서 2011년 방영됐던 <해피선데이 : 남자의 자격> 프로그램의 '청춘합창단' 편을 몰아보며(Binge Watching) 눈물을 흘리는 경우도 있다. 10분 안팎의 동영상 클립 76개가 올라 있다.

MBC의 '옛드' 채널도 있다. 그때 그 시절 인기를 끌었던 역대 드

▼MBC에서 운영하고 있는 유튜브 옛드 채널 초기 화면

라마와 시트콤 등을 총집합시켜 놓은 채널이다. <지붕뚫고 하이킥>
시리즈가 가장 큰 인기를 끌고 있다. 드라마 자체도 재밌지만 추억
을 되살리는 재미가 쏠쏠하다. 자료를 구하기 힘든 드라마들도 모두
무료로 볼 수 있다.

  예능과 드라마만이 아니다. KBS의 이산가족 상봉 프로그램을 기
억하는지. 이번에 유튜브 채널을 수집, 정리하면서 많은 이들에게서
추천을 받거나 의견 수렴을 했었다. 그때 20대 대학생이 'KOREAN
DIASPORA KBS' 채널을 추천해서 놀란 적이 있다.

  "어쩌다 한번 보기 시작했는데 틈날 때마다 자꾸 보게 되더라고요."

  KBS는 이 유튜브 채널을 위해 대통령 인터뷰까지 하면서 '문재인
대통령과 이산가족 이야기' 영상을 게시하기도 했다.

6. Idiot Box (바보상자)
유튜브만 보면
울던 아이도 뚝? 뚝!

원래 바보상자는 TV를 달리 이르는 말이다. 특히 영상과 메시지를 수동적으로 받아들이게 하는 측면 등 부정적 영향을 강조해서 붙인 용어다. 일부 비판적 학자들은 한발 더 나아가 텔레비전이 마치 마약처럼 시청자들을 세뇌하고 판단력을 마비시키거나 혼란을 유발하기까지 한다고 주장한다.

그런데 이젠 스마트폰이 바보상자로 불리는 시대가 되었다. 특히 유튜브 시청이 점유하는 시간이 대폭 늘면서 유튜브 자체가 바보상자로 불릴 정도가 된 것이다.

주말에 뒹굴거리며 TV를 보면서 시간을 하염없이 보내는 경험을 하면서 'TV는 바보상자'라고 느낄 때가 제법 많았던 것처럼 요즘 사람들은 스마트폰을 들여다보면 시간이 훌쩍 지나버린다고 고백하는 경우가 많다. 늘 들고 다니는 스마트폰, 특히 자주 들여다보기도 하

▼아이들은 부모가 틀어준 영상뿐만 아니라 바로 아래에 노출되는 추천 영상을 통해 자신이 원하는
영상을 골라서 본다.
(이미지 출처: 유튜브 뽀로로 채널)

지만 한번 보다보면 한참을 연이어 보게 되는 유튜브가 바로 '바보
상자'가 되는 순간이다.

일상 속에 스며든 유튜브 바보상자의 또 다른 장면을 소개한다. 식
당에서 가족들이 외식을 할 때 어린 아이가 울거나 떠들면 엄마는
조용히 스마트폰을 꺼내 유튜브 영상을 틀어준다. 순식간에 조용해
진다.

가족과 함께 공공장소에 있는 어린 아이들이 조용히 뭔가를 들여
다보고 있다면 유튜브일 확률이 매우 높은 게 현실이다. TV 앞에서
한없이 순해지던 아빠엄마의 어린 시절 모습이 이젠 유튜브 앞에서
자녀들을 통해 재연되고 있는 셈이다. <아기상어 : 핑크퐁>을 비롯
해 <뽀로로> 등 유아용 콘텐츠 채널도 다양하다. 초대 캐리언니였던

헤이지니를 비롯한 스타들도 양산되고 있다.

어린이들만이 아니다. 잠자리에 들기 위해 침대에 누워 유튜브앱을 여는 순간 어느새 한두 시간이 훌쩍 지나간다. 스포츠중계도 있고 음악도 있고 다양한 구독채널이 있다. 추천 피드에 '다음 동영상'이란 이름으로 영상들이 언제나 줄지어 서 있다. 계속 빠져들게 된다. 이런 현상을 강화하는 기반에는 바로 알고리즘이 있다. 유튜브 알고리즘은 편재하는(Ubiquitous) 존재처럼 언제 어디서나 늘 곁에 있는 셈이다.

7. Tension (텐션병맛)

오마이갓김치!
이세상 텐션이 아님

텐션(Tension)의 사전적 의미는 긴장감 내지 갈등을 뜻한다. 그런데 최근엔 흥이 오른 정도를 뜻하기도 한다. 특히 동영상에서 출연자가 끼가 넘쳐 흥을 주체하지 못하는 모습을 보이면 '저세상 텐션'이라는 표현을 붙여주는 경우가 많다.

대표적인 사례가 JTBC 스튜디오 룰루랄라가 제작하는 '워크맨'의 장성규다.

선을 넘는 아슬아슬하고 기발한 애드립과 함께 넘치는 끼를 표출하면서 '저세상 텐션'을 시연하는 것으로 평가받고 있다. '워크맨'에 앞서 god 박준형이 출연하는 '와썹맨'에서도 독특한 끼의 발산이 있었고 많은 주목을 받은 바 있다. 연이어 나온 '워크맨'의 장성규는 그 텐션을 넘어서는 흥을 발휘했다는 평가다.

병맛도 이 코드에 속한다. 병맛은 말이나 행동이 '4차원'인 사람에

▼ '총몇명' 채널 영상에 나오는 '오마이갓김치' 이미지 캡처
(이미지 출처: 유튜브 총몇명 채널)

게 쓰는 말을 뜻하거나 대화나 행동 사이에 주제가 없고 어이가 없
어 웃긴 상황에 쓰이는 용어다. 처음 사용은 인터넷 커뮤니티 사이
트의 연재카툰 코너에서 유래된 것으로 알려져 있다. 초기에는 주로
내용이 엉뚱하거나 허술한 만화에서 주로 사용됐다. 요즘은 다양한
상황과 콘텐츠에 걸쳐 사용되는 등 일반화된 단어다. 유튜브에서는
'장삐쭈'와 '총몇명', 그리고 '반도의흔한애견샵알바생(HOZZAA2)'등
이 대표적인 채널들이다.

'장삐쭈'는 구독자가 200만 명이 넘는 메가 인플루언서이지만 아
직 얼굴을 공개한 적은 없다. 짧은 애니메이션에 성우처럼 녹음으로

목소리 연기를 한다. '장삐쭈'는 병맛 콘텐츠의 선구자라 할 수 있다. 기습적인 병맛 드립과 진지한 상황에서 나오는 언어유희, 적절한 영상 각색의 3박자를 갖춰 병맛을 극대화시킨다.

'총몇명'은 '장삐쭈'와 더불어 더빙 애니메이션의 양대 산맥을 이루고 있다. 구독자는 210만 명 남짓으로 '장삐쭈'를 약간 앞서고 있다. 둘 다 샌드박스네트워크 소속이다. 10대들에게 특히 인기가 높다. 10대들 사이에서는 감탄사로 '오마이 갓'보다 '오마이 갓 김치'라는 '총몇명'의 유행어가 사랑받을 정도다. 기존에는 그림만 그리는 패러디를 주로 했지만 현재는 병맛 애니메이션을 통해 무한한 병맛을 전도하고 있다.

'반도의흔한애견샵알바생'으로 불리는 'HOZZAA2(호짜2)'는 '병맛이란 이런 것이다'를 보여준 장본인으로 손꼽는다. 동영상은 드라마와 예능과 뮤직비디오를 넘나든다. 특히 이색적인 비트와 함께 랩과 혼잣말을 오가며 엉뚱한 가사를 흥겹게 섞어내 듣는 이를 당황스럽게 만들기 일쑤다. 이를테면 컨펌이 없어도 되는 광고라는 점을 파고들어 자신의 정신세계를 표현한 LG 섬유유연제 광고가 대표적이다. 들어본 적 없는 비트와 랩인지 내레이션인지 모를 가사를 뒤섞어 듣는 사람을 당황스럽게 만든다.

쉽게 접하기 힘든 그의 특유의 '병맛'은 개그코드와 맞물려 사람들을 금세 사로잡았다. 맥락이 없기에 굳이 이해하지 않아도 된다.

이해하지 않아도 되기에 생각 없이 받아들여도 된다. 초기엔 젊은 세대의 특징적 문화로 얘기됐지만 점차 그 폭이 넓어지고 있다. 유튜브 영상에만 나오는 것이 아니라 지상파 방송에서도 등장하고 있다. '병맛'이 이제는 세대를 넘나드는 대중적 문화현상으로 확산되고 있는 것이다.

이러한 추세와 함께 'B급 마케팅'이 활발해져 왔는데 최근에는 BB(Beyond-B)급 마케팅도 거론되고 있다. 여기서 중요한 요소로 거론되고 있는 것도 텐션과 병맛이다. 뒤통수를 치듯 생각지 못한 재미를 주는 B급 콘텐츠에 대한 선호 현상은 유튜브 환경에서 당분간 계속 유행을 할 것으로 보인다.

8. Hyper-Reality (초현실)
나만의 현실을 넘어,
누군가의 현실을 함께
나누기

영상 일기를 꾸준히 만들고 공유하면서 대화를 나누는 사람들이 늘어난다. 댓글을 통한 소통도 열심이다. 서로의 일상과 현실적인 고민을 나누는 데 서슴없다. 이는 텍스트와 이미지 중심의 블로그(Web-log)에서 영상로그(V-log, Video log)로 옮아가는 추세를 반영한다. 또한 그래서 네이버가 유튜브를 경계할 수밖에 없는 상황이다.

크리에이터 '강과장'의 브이로그를 보자. 10년간 서울에서 자취생활하며 이사 다닌 이야기를 사진 위에 조근조근 내레이션을입혀 풀어낸다. 10분짜리 동영상에는 '짠내 나는' 삶의 현장이 생생하다. 영상을 보노라면 친구와 소주 한 잔 나누며 그의 고단한 생활 이야기를 곁에서 듣고 있는 느낌이다. 수많은 자취생들에게 동질감과 공감을 불러일으키며 조회수 250만, 좋아요 2만4천 개를 훌쩍 넘었다. '0원으로 일주일 살기'와 '3,500원 맥도날드 소개팅' 등 일상 브이로

▼살이 찌기 위한 자신의 생활을 브이로그로 공유하는 유튜버 멸치
(이미지 출처: 유튜브 멸치 myeolchi 채널)

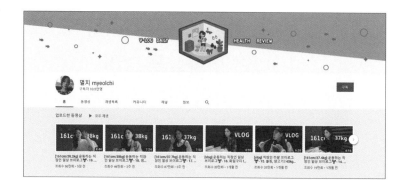

그에는 공감 댓글은 물론 각자의 고민을 털어놓는 등 대화방처럼 온
갖 얘기가 풍성하다.

그런데 왜 사람들은 자신의 이야기를 영상으로 공유하는 걸까? 브
이로그 채널을 통한 일상 공유 영상들을 보면 계기와 내용이 다양하
다. 살이 안 쪄서 고민인 젊은 회사원 여성이 살찌기 위해 노력하는
일상을 기록하는 브이로그도 있다.

"이번엔 꼭 45kg까지 늘리고 그만둘 거예요(제발). 그래서 중간에
포기하지 않으려 저의 일상을 기록하고자 유튜브를 시작하게 되었
습니다. 저의 일상을 함께 해주..실..래..요?"

크리에이터 멸치의 채널소개다. 운동하고 밥 먹는 걸 중심으로 기
록한다. 특별할 게 없어 보이지만 열 달 동안 10만 명이 모였다. 힘내
라는 격려도 있고 자기는 다이어트 중인데 열심히 해보겠노라 각오

를 다지는 댓글도 있다. 이렇듯 영상일기를 하는 이유도, 여러 사람들과 공유하는 이유도 각양각색, 다양하다. 다만 그 중간에 소통을 통한 공감과 자기 다짐 등이 들어 있고 그래서 지속적으로 이어지는 현상이 엿보인다.

또 하나의 현실공유는 귀농귀촌 등 전원생활 체험영상들이다. 농사일을 하는 모습을 비롯해 다양한 작물을 키우고 여가를 즐기는 모습을 카메라에 담아 공유한다. 도심 속에서 바삐 움직이는 현대인들에겐 그런 영상이 마치 힐링처럼 다가온다. 평범한 게 제일 어렵다는 말이 있듯이 사람들은 일상적이고 평범한 삶을 꿈꾸며 힐링하기 위해 전원생활을 비롯해 다양한 삶을 담은 브이로그를 시청하는 걸로 이해할 수도 있겠다.

이렇게 우리에게 너무나 친근한 일상이어서 공감 가는 브이로그가 있는 반면 아예 색다른 세상을 경험시켜주는 유튜버도 있다. 'CARGIRL(카걸)'은 내로라하는 슈퍼카 브랜드 본사의 에스코트를 받으며 슈퍼카 공장을 견학하기도 하고 영국 귀족의 초청을 받아 뒷마당에서 불꽃놀이를 하는 영화 같은 파티를 즐기기도 한다. 그녀가 유튜브를 하는 목적은 자동차를 좋아하는 이들과 공감을 나누기 위해서다. 대리체험에 만족하는 사람들이 댓글공간에 가득하다. 동시에 자동차를 좋아하는 'CARGIRL(카걸)'을 따라 자동차 산업에 대한 꿈을 다지는 피드백도 보인다.

▼ '이렇게 하고 자면 과연 깨워줄까?' 같은 탐사형 체험 영상을 보여주는 유튜브 진용진 채널
(이미지 출처: 유튜브 진용진 채널)

112

조금 다른 각도의 현실 공유현상도 있다. 탐사보도형 콘텐츠로 궁금한 현장들을 찾아가거나 실험을 하는 콘텐츠들이다. 최근 계속 구독자가 확장되고 있는 소위 '진용진류' 콘텐츠다.

SBS <그것이 알고 싶다>와 같은 현장 탐사형 콘텐츠로 조폭을 직접 만나 인터뷰를 한다거나 '지하철과 버스에서 내릴 역을 적어두고 자면 사람들이 깨워줄까'와 같은 실험을 한다. 내릴 역이 적힌 커다란 판넬을 목에 걸고 잠을 자는 진용진. 대부분 옆사람들이 깨워주는 걸 확인하는 영상이 흥미롭다.

당초 다른 유명인의 유튜브 영상 편집을 해주던 진용진은 직접 유튜브를 해보기로 했다. 사람들이 궁금해 할만한 현장과 상황을 기획

하고 마치 가상체험하듯 생생하게 확인함으로써 궁금증을 해소해 준다. 많은 크리에이터가 그를 따라 유사한 탐사형 대리체험 콘텐츠를 만들면서 '진용진류'라는 콘텐츠 유형에 대한 표현도 생겨났을 정도다.

9. Money (돈)
누구나 돈을 벌 수 있는 곳, 황금광시대

유튜브가 최고의 글로벌 동영상 플랫폼으로 성장하게 된 가장 큰 경쟁력은 무엇일까? 그 이유를 YPP(YouTube Partner Program)로 손꼽는 이들이 많다.

2007년 처음 도입된 유튜브 파트너 프로그램은 말 그대로 크리에이터들을 파트너로 대접하며 광고비 수익을 나눠 갖는, 보상책으로서 마련한 제도다. 이후 동영상을 제작한 크리에이터라면 유튜브에 게시할 이유가 좀 더 명확하게 생겼다.

개인 크리에이터만의 이슈가 아니다. 연예기획사들도 뮤직비디오를 비롯한 다양한 동영상 클립을 유튜브에 게시하기 시작했다. 데이터를 공유해주고 수익도 배분해주기 때문이다. 기획사들은 유튜브가 제공해주는 데이터를 분석하며 마케팅과 사업의 방향을 잡을 수 있었다. 이를테면 데이터를 통해 어느 나라에서 어떤 가수와 노래를 좋아하는지 피드백을 확인할 수 있으니 그곳에 가서 콘서트를 해야 할지 말아야 할지 정확하게 판단할 수 있게 된 것이다. 이렇게 예측 가능성이 높아지고 사업적 판단에 큰 도움이 되다보니, 게다가 예정에 없던 추가적인 수익도 생기니 당연히 유튜브와 손을 잡는 것이다.

그렇다. 돈이다. 이름값이 높아져 브랜드 협업 콘텐츠를 통해 수익을 얻을 수 있는 메가 인플루언서라면 몰라도 다수의 중하위권 크리에이터를 생각하면 유튜브 파트너 프로그램은 가장 기본적인 제작비를 벌 수 있는 통로가 생겼다는 의미가 있다. 이때부터 유튜브 생태계가 본격적으로 형성되고 확산되었다.

유튜브는 광고비 수익배분 모델을 통해 단순한 콘텐츠 공유용 서비스 공간을 넘어 수익활동 플랫폼의 성격을 갖게 됐다. 유튜버들이 고소득을 얻게 됐다며 랭킹 비교를 하거나 세금 이슈를 지적하는 언론보도가 심심찮게 등장하는 것도 이 수익배분모델이 성공적으로 안착했음을 역설적으로 보여주는 현상이다.

2020년을 맞는 지금 시점에선 본격적인 커머스 플랫폼으로 거듭나고 있다. 여러 유튜버들이 콘텐츠를 매개로 다양한 소통을 하면서 제품 판매를 연계하는 등 본격적인 커머스 활동을 펼치는 중이다. 염따의 사례를 살펴보자. 21억 원 어치의 티셔츠를 판매하면서 쇼핑몰 자체는 네이버 스토어팜을 연동했는데 앞으로는 페이스북과 인

▼애주가TV 참PD의 유튜브 채널. 술과 어울리는 여러 음식을 소개하며 직접 먹방도 한다.
리뷰계의 백종원이라는 별명이 붙을 정도이다.
(이미지 출처: 유튜브 애주가TV참PD 채널)

스타그램이 그러했듯 유튜브 또한 쇼핑몰 연계 서비스를 내놓을 것
으로 보인다.

무신사 같은 패션기업은 1020세대의 취향과 수요를 반영하여 영
상을 만들고, 이를 자연스럽게 커머스와 연결시키고 있다. 얼마 전
무신사는 기업가치 2조 원으로 국내 10번째 유니콘 기업에 올랐다.

'애주가TV 참PD'도 있다. 구독자 100만 명을 넘어선 술안주 리뷰
계의 1인자다. 자신의 음주 경력과 안주 만드는 실력을 살려 '혼술
족'들을 위한 가성비 좋은 안주들을 리뷰해준다. 중소기업 제품을
주로 리뷰하는데 그가 리뷰한 제품들은 입소문을 타고 상당한 매출

성과를 달성한다. 매출 1억을 달성한 사례도 있다고 한다. 그가 먹었다 하면 시장 반응이 생기다 보니 '리뷰계의 백종원'이란 별명도 생겼다. 유튜브 채널의 마케팅 파워와 커머스 연계효과를 체감하게 해주는 사례다.

아예 '돈'을 주제로 채널을 운영중인 크리에이터들도 있다. 은행과 카드사 등 금융권의 채널도 있지만 '슈카월드'와 '돌디', '신사임당' 등 재테크와 부동산 등을 다루는 인디 채널들이 활성화되어 하나의 거대한 카테고리를 형성할 정도다.

'제가 겪은 자본주의 매뉴얼을 공유하려 합니다'라고 채널 소개를 하는 크리에이터 '신사임당'은 '창업다마고치' 시리즈물도 연재한 바 있다. 운영자의 친구가 온라인 쇼핑몰을 개설하고 장사를 하기 시작할 때부터 이후의 '돈 버는' 과정을 차근차근 해설해주는 시리즈다. 첫 매출을 올리는 장면도 인증해가면서 물건을 확보하고 고객 항의에 대응하는 요령 등 장사 노하우를 익히며 돈을 버는 과정을 보여준다. 온라인 쇼핑몰을 운영하는 경험자들이 댓글에서 '저는 6년째 하고 있는데 많이 배우고 갑니다'라고 인사하기도 한다.

유튜브는 이렇게 '돈'과 관련된 정보 유통을 필두로 직접적인 커머스 사업의 이용자 접점을 대폭 확장할 수 있는 플랫폼으로서의 역할과 신뢰를 쌓아가고 있으며, 그 추세는 더욱 강화될 것으로 보인다.

유튜브의 생태계를 만들어가고 있는 또 다른 한 축이 유튜브 크리에이터이다. 개인과 기업, 브랜드, 공공기관 등 현재 유튜브에는 다양한 스타일의 콘텐츠로 자신만의 이야기를 하고 있는 채널이 많다.

올해 하반기 혜성처럼 나타난 '과나'부터 공공기관의 콘텐츠 틀을 확장하고 있는 '대한민국 정부' 유튜브까지 2020년에 더욱 기대되는 유튜브 채널 77개를 소개한다.

협업을 고민하는 브랜드, 새로운 콘텐츠를 고민하는 초보 크리에이터에게 좋은 참고가 되기를 바란다.

각 채널의 소개순서는 가나다순으로 정리했다. 채널 구독자수와 조회수는 10월 말을 기준으로 정리했으나, 급격한 구독자 증가가 있는 채널의 경우 11월 초순에 다시 한번 체크해 변경했다.
유명인이나 연예인의 채널은 최대한 배제했으며, 2020년의 유튜브 트렌드와 부합해 더욱 기대되는 크리에이터 채널을 중심으로 선정했다.

Part 3.
2020년 주목해야 할 대한민국 유튜브 크리에이터 77

▶ 카테고리 : 인물, 일상
▶ 콘텐츠 타입 : 브이로그

📹 추천 영상

서울에서 10년 동안 6번 자취방 이사한 이야기
(조회수 2,505,468회, 2019. 2. 13)

30대 VLOG, 1만원 데이트, 경복궁 야간개장,
백종원 김치찌개 만들기
(조회수 123,134회, 2019. 8. 10)

한 남자의 독특한 힐링 V-log

강과장 (구독자 12.7만 명)

일상 브이로거로 10년 동안의 이사 스토리를 10분으로 압축한 영상이 히트를 쳤다. 이후 자신만의 스타일을 녹여낸 브이로그 영상을 보여주고 있다.

그의 영상은 멋있어 보이고, 예뻐 보이려는 브이로그가 아니라 실제 그의 생활에 들어가 있는 것 같은 느낌을 준다. 그가 집에서 이야기할 때는 실제 같은 방에 앉아서 이야기를 듣는 것 같다. 이를 가능케 하는 것은 특유의 차분한 말투와 정제된 내레이션 때문인 듯하다.

최근에는 브이로그와 더불어 가계부 콘텐츠를 제작하고 있다. 알뜰살뜰한 정보와 공감 가는 자취생활러의 이야기들은 수많은 자취생들에게 동질감을 불러일으켰다.

최근에는 크리에이터 인터뷰도 하고, 다른 유튜버 채널에 초대되어 인터뷰하는 등 나름대로 활동반경을 넓히고 있다. 강과장의 직업은 3D 모델러라고 하는데 그래서인지 다양한 애니메이션을 만드는 재주도 갖고 있는 다재다능한 크리에이터.

▶ 카테고리 : 푸드, 음악
▶ 콘텐츠 타입 : 예능

추천 영상

라볶이에 미친 사람의 인생 레시피
(조회수 1,274,204회, 2019. 10. 6)

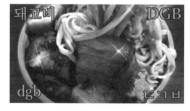

돼지 고추장 비빔국수
(조회수 523,732회, 2019. 10. 13)

브금 중독 금지!
아참, 요리 영상이지!!!

과나 (구독자 20.2만 명)

영상 3개로 3주만에 유튜브를 평정했다. 2019년 하반기. 이 시점 가장 핫한 유튜버를 꼽으라면 단연코 '과나'이다. 돼. 고. 비. 돼고비 돼고비 돼고비 돼고비 돼고비.

이 채널은 기본적으로 쿠킹 채널이다. 하지만 여느 채널을 볼 때처럼 소리를 끄고 봤다면 그가 왜 이렇게 인기를 얻게 되었는지 제대로 이해할 수 없을 것이다.

'머쉬베놈'은 '윤문식 Flow', '추석 날 용돈 주는 할아버지 Flow' 등 한국식 신토불이 스웨그를 그대로 녹여 랩을 뱉어내는 래퍼다. 그의 얘기를 왜 하냐고? 과나의 오디오에는 90년대 테크노 비트에 머쉬베놈 느낌의 찰진 랩이 담겨있기 때문이다. 아니, 랩보다는 '타령'에 더 가까운 것도 같다.

음식을 주제로 한 콘텐츠는 유튜브와 SNS에서 가장 큰 부분을 차지하고 있다. 쿡방은 분야와 소재가 확장되었지만 포맷의 발전은 거의 없었다. 기껏해야 먹방 ASMR이 나오며 사운드로 느끼는 재미를 더했을 뿐이다. 하지만 비트를 찍고 가사를 만들어 쿡방 영상을 올린 과나는 보는 재미, 듣는 재미, 군침 돌기까지 1타 3피를 잡았다. 얼마 전 새롭게 올라온 할로윈 맞이 '악마의 수프 만들기' 영상은 그의 음악적 스펙트럼도 만만치 않다는 것을 보여준다. 유튜브 콘텐츠의 무한한 확장성을 알고 싶다면 그의 채널 구독은 필수다.

▶ 카테고리 : 인물

▶ 콘텐츠 타입 : 인터뷰

➕◄ 추천 영상

[윤동환을 만나다] 절에 들어간
서울대 출신 주연배우
(조회수 3,229,315회, 2019. 6. 21)

[김캐리를 만나다] 룸살롱 실장이 된
전 스타 해설가, 김태형
(조회수 1,999,219회, 2019. 6. 11)

예전에 유명했던 그들의 근황

근황올림픽 (구독자 15.8만 명)

한때 유명했으나 지금은 미디어에 나오지 않아 근황이 궁금한 사람들이 있다. 이들을 찾아가 근황을 물어보는 채널이 있다. '근황 올림픽'.

한 번쯤 다 들어봤던 아는 사람이다. 통춤으로 유명했던 통아저씨, 몽키매직 신바람 이박사, 대종상 도둑으로 몰렸던 여배우 한사랑, '섹시한 남자'를 부른 스페이스A 등등. 까마득한 옛날 유명했던 연예인들부터 물의를 빚었던 사람들의 근황까지 이 정도면 이 채널의 섭외력이 궁금해질 정도다.

1993년 7월 SBS <그것이 알고 싶다>에서 소개됐던 '전생을 보는 아이' 부산의 정연득 씨가 있다. 당시 체계적인 교육을 받은 바가 없음에도 5살 때부터 7개 국어를 해서 화제가 되었던 사람이다. 이런 사람들도 찾아가 지금은 어떻게 사는지 근황을 묻는다.

당시 이슈들에 대해 오해가 있었다면 인터뷰를 통해 풀리기도 하고, 잘못을 했던 사람의 근황을 묻는 인터뷰에선 반성하는 모습을 보기도 한다. 사회에 좋은 영향을 미치는 채널로서 긍정적 평가를 얻고 있다.

126

▶ 카테고리 : 패션 / 뷰티
▶ 콘텐츠 타입 : 스트리밍 편집, 하우투

추천 영상

역대급 탈모, 19살이 이렇게 심할 수 있다고?!
(조회수 1,642,244회, 2019. 7. 8)

[탈모] 중3인데 벌써 머리가 다 빠졌네요..
(조회수 1,377,444회, 2018. 5. 11)

헤어 스타일의 가치를 높이다

금강연화 (구독자 44.9만 명)

남자는 머리빨이다. 진짜다. 아무리 멋진 옷을 입어도 머리가 없으면… 여기까지. 우리 모두 머리카락 챙기자. 이런 헤어스타일의 중요성을 콘텐츠로 널리 알리는 헤어 전도사, 헤어 크리에이터가 있다. 교육이나 학습 정보보다 엔터테인먼트 적인 성격이 강해 큰 관심이 없어도 재미있게 볼 수 있다.

'금강연화'는 현재 44만의 구독자를 자랑하는 크리에이터. 유명해지기 시작한 건 그가 모발이식을 받을 때부터 아닌가 싶다.

헤어 디자이너로서 본인의 탈모가 진행되는 것을 걱정하기 시작한 그는 큰맘 먹고 모발 이식을 받기로 한다. 그리고 이 모든 과정을 영상으로 찍어 구독자들과, 그리고 탈모가 진행되고 있어 걱정하는 사람들과 공유를 한다.

남자라면 알 것이다. 누구에게나 이 탈모에 대한 미지의 공포증이 존재한다는 것을.

현재는 헤어 제품 리뷰 및 자신의 미용실에 찾아오는 고객들을 시술하면서 꿀팁과 리뷰 등을 콘텐츠로 만들고 있다. 헤어스타일에 대한 잘못된 상식을 바로 잡고 좋은 문화를 전도하는 선한 크리에이터다.

128

▶ 카테고리 : 과학
▶ 콘텐츠 타입 : 예능

■◀ 추천 영상

직접 만든 알라딘 마법의 양탄자 타고
인싸동 라이딩 하기
(조회수 1,640,843회, 2019. 7. 24)

어벤져스 엔드게임 기다리다 만든 캡틴 방패
(조회수 723,551회, 2019. 4. 19)

쓸모없는 작품만 만든다!
하지만, 그 안의 과학은
진짜다!

긱블 (구독자 41.7만 명)

"쓸모없는 행위는 의미가 있을까?" 이를테면 영화 알라딘에 나온 양탄자를 현실에서 직접 구현해보는 것이다. 정말 잘 만든다면 가벼운 양탄자가 마법처럼 날아다닐 수 있을까? 호날두가 한국에 와서 날강두 짓을 하고 갔다고? 그럼 사과하는 호날두를 만들자.

과학공학 콘텐츠 제작소 긱블은 이렇게 뜬금없는 질문을 던진다. 옆에서 얘기한다, "만들어서 뭐해? 어따 쓰게?" 그래서 긱블은 얘기한다. "쓸모 있는 물건은 XX마트에나 가서 찾아라."

최초의 항생제 페니실린도, 우리가 자주 쓰는 포스트잇도 모두 예상치 못하게 발견된 것이다. 일단 해보면 무언가는 되게 되어 있어.

이렇듯 긱블은 과학과 공학을 소재로 직접 무언가를 만드는 걸 '보여주는' 미디어다. 그들의 아이디어와 창작의 방식은 하나같이 기발하다. 때로는, 아니 아주 많이 실패하기도 한다.

하지만 실패도 하나의 과정이 되어 시각적 경험으로 누군가와 공유될 때 이는 성공의 촉매가 된다. 지금 그 기반을 유튜브를 통해 긱블이 다져 나가고 있다.

130

▶ 카테고리 : 인물
▶ 콘텐츠 타입 : 토크

📹 추천 영상

동네 양아치 문신돼지충들 특징
(조회수 1,210,170회, 2018. 7. 14)

홍대병, 홍대충에 대해 알아보자
(조회수 698,335회, 2018. 7. 22)

삼류 마이너 인류학자가 본 세상 이야기

김덕배 이야기 (구독자 26.1만 명)

우스꽝스런 복장으로 대한민국의 모든 사람을 연구하는 젊은 인류학자가 있다. 그의 이름은 김덕배, 자칭 3류 앰생을 연구하는 인류학자다. '앰생'은 비속어다. 부모님을 모욕하는 욕설에 날 생자를 붙여 그 정도로 한심한 인생을 사는 사람이라는 뜻이 파생된다.

김덕배는 그런 삶을 사는, 우리가 현대 한국 사회의 저잣거리에서 흔히 볼 수 있는 사람들을 그만의 인사이트로 고찰한다.

그 중 압권은 '찐따 클럽충들의 특징'이라는 이름의 영상이다. 그의 영상 제목은 자극적이다. 그래서 4050세대들은 제목만 보고 그를 낮게 평가하거나 거부감을 느낄 수도 있겠다. 하지만 이는 김덕배를 수박 겉핥기 식으로만 본 이들이 하는 실수다.

김덕배의 매력은 썸네일을 클릭해 들어가는 순간 터진다. 흡사 그 현장의 바로 옆에서 그 앰생의 주인공을 보는 것과 같을 정도의 리얼리티가 넘치는 대사들이 귀에 박힌다. 또한 각각의 상황을 묶어 기막히게 특징을 뽑아낸다. 앰생들이 한국 사회에 미치는 이점과 폐해들을 물 흐르듯 따라가며 보다보면 10분이 순삭된다. 그냥 인류학자가 아닌 3류 앰생을 연구하는 인류학자.

132

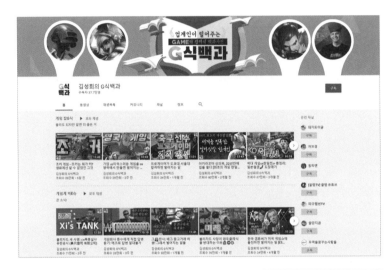

▶ 카테고리 : 게임
▶ 콘텐츠 타입 : 익스플레인, 예능

📷 추천 영상

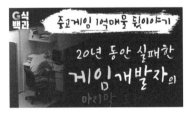

망한 게임의 개발자들은 어떻게 될까:
게임 인간극장
(조회수 1,313,973회, 최초 공개: 2019. 2. 13)

인싸 필수조건 – 게임줄임말
(조회수 356,734회, 최초 공개: 2019. 1. 18)

게임계 NO.1 지식백과

김성회의 G식백과 (구독자 37.7만 명)

게임 개발 및 기획, 게임 캐스터, 게임 방송, 그리고 게임 유튜버까지 게임과 관련한 거의 모든 역할을 섭렵 후 유튜버로 최종 진화한 그가 바로 김성회다. 게임이라는 소재를 다루기 때문에 구독자가 많은 거라는 오해를 살 수도 있지만 영상을 직접 보면 그의 콘텐츠가 엄청난 매력을 가지고 있다는 것을 알 수 있다.

게임 지식을 알려주는 정보성 내용이지만 각종 드립과 패러디를 때려 부어 재미있게 설명하는 것이 특징이다. 심지어 '콘텐츠 스토리텔링에 있어 한 획을 그은 사람이 바로 김성회다!'는 말이 우스갯소리로 들릴 정도다.

게임 캐릭터 소닉을 영화화한 '소닉 더 헤지혹'. 이에 대해 온라인 상에서 떠도는 각종 우려에 대해 맥락 짚어 설명한 영상을 꼭 한 번 보기를 추천한다. 왜 영화가 개봉 전부터 팬들의 엄청난 걱정을 받고 있는지를 냉철히 짚고 현재 어떻게 진행되고 있는지를 알려준다. '게임계의 UBD'라는 말까지 알아들었으면 당신은 인싸!

빠르고 재미있는 멘트로 10분 동안 수많은 정보를 전달하는 그. 꼭 보시라, 10분이 순삭된다.

134

▶ 카테고리 : 인물
▶ 콘텐츠 타입 : 브이로그

⬛ 추천 영상

진우 어린 시절 기차 보러 가기
(조회수 38,421회, 2019. 3. 7)

진우가 병원을 다녀오는 길 서해금빛열차가
지나는 시간이네요
(조회수 337회, 2019. 10. 16)

진우의 홀로서기, 그리고 아버지의 마음

김진우 (구독자 1.57만 명)

발달 장애인 김진우 군이 혼자서 독립하기 위해 여러 가지 도전해보는 콘텐츠가 올라오는 채널이다. 진우와 아버지가 함께 등장하고 실제 운영자는 아버지다. 아들이 세상을 혼자 힘으로 살아갈 수 있도록 찬찬히 도움을 주는 아버지의 모습은 참으로 멋지다. 홀로 기차를 타고 가까운 곳을 다녀오거나 혼자서 주문을 해서 음식을 먹는 콘텐츠를 올린다. 기차를 예매하고 시간 맞추어 역에 나가는 과정은 우리에게는 쉽지만 이 모든 것이 김진우 군에게는 어렵다. 하지만 이 모든 과정을 가감 없이 보여주는 영상을 보다보면 어느새 진우 군을 응원하게 된다.

아버지는 굳건한 마음으로 아들에게 여러 가지 도전을 시키지만, 영상을 보다보면 아들에 대한 사랑과 더불어 언뜻언뜻 불안함이 보이기도 한다. 아버지가 없는 세상을 혼자 살아나갈 아들에 대한 걱정 말이다. 이 영상은 같은 장애아이를 키우는 부모들에게도 도움이 될 것으로 보인다.

136

▶ 카테고리 : 인물

▶ 콘텐츠 타입 : 인터뷰

📹 추천 영상

HID 군대 4년 갔다 오면 전역할 때
현금 2억 줍니다
(조회수 1,064,550회, 2019. 9. 23)

연 3억 에어컨청소의 서막
(조회수 136,427회, 2019. 5. 12)

우리가 몰랐던 그 바닥

까레라이스TV (구독자 15.4만 명)

'북파 공작원 인터뷰'라니! 이 제목만 봐도 마우스가 저절로 클릭이 되지 않는가?

'우리가 몰랐던 그 바닥'이라는 부제를 지닌 이 채널은 일반적으로 살면서는 '절대' 만날 수 없는 상당히 이색적인 직업인들을 주로 인터뷰해서 소개한다. 북파공작원, 타짜, 용역깡패, 무슬림, 흥신소 직원, 조폭 등… 무슨 말이 더 필요하겠는가.

사실 이 채널의 가장 멋진 점은 인터뷰 주인공에게 집중될 수 있도록 채널 주인의 개성이 강하지 않다는 것이다. 유튜버 중에는 간혹 채널 주인의 매력 발산을 위해 인터뷰어를 쓰는 경우가 있다. 이게 나쁜 것은 아니지만 그래도 인터뷰 채널은 다양한 인터뷰이에 집중하는 것이 좋은 것 같다. 시청자들이 모두 인터뷰 대상자에게 몰입되도록 만들어주는 게 이 채널의 강점이다.

시청자가 궁금해 할 포인트를 아주 적절하게 질문하고 과하지 않은 적절한 리액션이 공감을 이끌어낸다. 그러다 보니 콘텐츠의 댓글 반응도 확실히 채널 주인보다 인터뷰이에게 집중하는 모습을 확인할 수 있다.

소재 특성상 이색직업은 한계가 있기에, '편의점 점주의 현실' 같은 실제 경험을 공유하는 인터뷰 또한 진행하고 있다. 다양한 분야의 포장되지 않은 생생한 날것의 경험을 할 수 있는 채널이다.

138

▶ 카테고리 : 인물
▶ 콘텐츠 타입 : 예능

 추천 영상

[면접] 염따 , 4일 만에 6천만 원 Flex 한 이유 !!
(조회수 1,217,808회, 2019. 5. 25)

미국인이 공항에서 영어로만 택시를 탔더니..
(실제상황)
(조회수 1,350,359회, 2019. 9. 28)

"꽐루! 샌프란시슷코앳써 온 꽈뚜룹 임니다"는 한국인

꽈뚜룹 (구독자 73.7만 명)

꽈뚜룹은 '유튜브 크리에이터이자 가상의 인물'이란 컨셉을 잡고 운영하는 채널이다. 과거 디즈니 채널의 'Hannah Montana'와 비슷하다고 볼 수 있겠다. 본명은 장지수. 애초에 꽈뚜룹 채널 자체 콘텐츠는 거의 브이로그가 차지하고 있었다. 그러다 자신의 실제 모습이 아닌 연기로 만들어진 캐릭터가 나오면서 자연스럽게 페이크 브이로그로 길을 잡았다. 최근에는 면접 컨셉으로 재넌, 머독, 도티, 우마, 지호지방시, 염따와 같은 유명 인사들을 인터뷰 해 콘텐츠를 만드는데 이것이 큰 인기를 끌고 있다.

외국인 콘셉트에 대해서는, 어디선가 진짜 외국인이냐고 물어봤을 때 당당하게 "나는 외국인이다"라고 말한 바가 있어 지금까지도 속는 사람들이 많다.

타 유튜버들의 영상에 출연할 때마다 컨셉을 잃지 않고 꽈뚜룹으로서 말하는 걸 보면 아예 외국인이 되어버린건 아닐까 싶을 정도. 또한 유튜브 편집 자막이나 영상 설명난에 고의로 맞춤법을 틀리기도 한다.

유튜버에게 컨셉이라는 것은 이토록 중요하다. 그것이 실제든 컨셉이든 하나의 컨셉을 잡아 연구하고 발전시켜 나가는 것이 매력 포인트가 될 수 있다. 필자도 처음엔 정말 외국인인 줄 알았다.

140

▶ 카테고리 : 엔터테인먼트
▶ 콘텐츠 타입 : 예능

◻️ 추천 영상

김태호 PD, 유재석에게 카메라 맡기고
사라지다?! 유리동절@_@
(조회수 2,789,536회, 2019. 6. 12)

모두를 속인 천재적인 스타트!
'유재석의 독주회'+불기둥
(조회수 442,051회, 2019. 10. 18)

놀면 뭐하냐고?
함께 놀아보자고!

놀면 뭐하니? (구독자 34.1만 명)

<놀면 뭐하니?> 방송에서 김태호 PD가 제시한 것은 크로스플랫폼 전략. 기존의 TV중심모델을 벗어나 유튜브 활용을 겸하는 방식으로 참여형 콘텐츠 모델을 꺼냈다.

가장 먼저 시도한 것은 릴레이카메라로 제목처럼 '그냥 놀지 말고 일상 속에서 콘텐츠를 길어내보자'는 취지로 시작됐다. 연예인들이 자발적으로 지인 네트워크를 통해 카메라를 전해가며 콘텐츠를 뽑아내는데, 유튜브에 잘 어울리는 콘텐츠 모델이었다.

참여형 포맷의 특징은 출연자인 연예인들의 참여 외에도 이용자들이 댓글공간을 통해 적극적으로 소통하고 의견 개진하는 열린 포맷에 있다. 누구에게 카메라가 전달될지 알 수 없고 사전에 기획되지 않은 일상을 담다 보니 의외성이 돋보인다. 특히 [유튜브 온리] 콘텐츠를 통해 한정된 TV 편성 시간에 못 내보낸 생생한 현장 장면들을 유튜브에서 소개한다.

현재 유플래쉬, 뽕뽀유와 드럼독주회까지 다양한 시도 중이다. 다만 화제성 대비 이용자들의 호응과 적응도는 덜한 편이다. 앞으로 안정적으로 정착할 수 있을지 관심을 끈다. 성공한다면, 나영석 PD의 유튜브 방송 '채널 십오야'와 함께 새로운 방송 포맷을 열어 젖힌 아이콘이 될 것으로 보인다.

▶ 카테고리 : 동물
▶ 콘텐츠 타입 : 리뷰

◼️ 추천 영상

상쾌함 주의보! 도마뱀껍질 깔끔하게 벗겨보자
(조회수 2,817,715회, 2018. 5. 10)

조회수 히트예감...사냥을 즐기는
초희귀동물입니다
(조회수 252,933회, 2019. 4. 21)

이색동물들의 다정한 큰 형

다흑님 (구독자 50.6만 명)

이색 애완동물 매장을 운영하는 파충류 전문 유튜버. 흔히 볼 수 없는 희귀 파충류, 곤충 등을 소개해준다. 동물에 대한 해박한 지식으로 친절한 설명을 해주는 것이 특징이다. 또한 구독자에게 동물을 기증받아 새로운 주인을 찾아주거나 의뢰받은 동물의 진드기를 제거해주는 등의 활동도 하고 있다.

콘텐츠에서 주로 다루는 생물은 파충류이기 때문에 도마뱀 영상이 주를 이룬다. 파충류를 대하는 다정한 손길과 영상을 보면 징그럽고 무서운 도마뱀들이 귀여워지는 희한한 경험을 하게 된다. 그러다 보면 착하고 알록달록한 파충류를 한 번쯤 키워보는 것도 좋을 것 같다는 생각이 든다.

유튜브 덕에 그의 매장을 찾는 사람들도 많아졌고 파충류에 대한 인식변화에도 도움을 줬다고 볼 수 있다. 하지만 빛이 있으면 어둠도 있는 법. 흥미와 호기심으로 사육을 시작하여 기르는 사람이 많다보니 관리를 잘하지 못하여 동물을 아프게 하는 곤란한 상황을 겪는 사람들도 있다고 한다.

144

▶ 카테고리 : 건강/운동/스포츠
▶ 콘텐츠 타입 : 토크

추천 영상

의사가 하는 귀 수술 게임 라이브!
(조회수 548,954회, 2019. 8. 4)

의대생에서 전문의까지 과정 상세 공개 (feat.
유급만 피하자)
(조회수 218,176회, 2019. 8. 25)

병원에서 하지 못하는
의학상담, 유튜브에서 한다

닥터프렌즈 (구독자 43.6만 명)

내과전문의, 정신건강전문의, 이비인후과 전문의 등 세 명의 훈남 의사들이 운영하는 의료 관련 채널이다. 생생한 의료 현장 이야기와 수술 게임 리뷰가 재밌고 신박하다.

기본적으로 건강에 관한 꿀팁을 알려준다. 어렵고 무섭기만 한 의학상담이 아니라 친근한 의사로서 친구에게 혹은 가족에게 꼭 하고 싶었던 이야기들을 영상으로 풀어주고 있다. "사랑하는 사람들과 더 행복하고 건강한 사회를 위해 노력합니다"라는 이들의 슬로건을 보는 것만으로도 건강한 마음으로 구독버튼을 누르게 된다.

이중 의학게임이라는 콘텐츠는 실제 수술은 아니지만 현직의사가 의학용어를 말하며 진행하다보니 의외로 꿀잼 콘텐츠다. 또한 수술 과정에 대한 정보도 얻을 수 있다. 닥터프렌즈와 비슷한 채널로 로이어 프렌즈라는 채널이 있는데 법률관련 지식 혹은 상담을 다루는 변호사들의 채널이다.

이처럼 이제는 전문 지식을 가진 사람들이 유튜브에 뛰어들며 새로운 그들의 영역을 만들어나가고 있다. 이런 종류의 채널은 지속가능한 콘텐츠라는 점, 꾸준히 인기가 있다는 점, 아무나 할 수 없다는 점 등의 장점을 통해 더욱 발전해나갈 듯하다.

146

▶ 카테고리 : 음악
▶ 콘텐츠 타입 : 커버

✚◀ 추천 영상

「Lemon」米津玄師
(조회수 6,184,504회, 2018. 4. 1)

쏘아올린불꽃/打上花火
(조회수 2,188,256회, 2018. 1. 12)

맑은 목소리의 싱어와 가면을 쓴 수수께끼의 남자가 들려주는 본격 기분전환 J-pop

달마발 (구독자 34.6만 명)

맑은 목소리의 싱어와 가면을 쓴 수수께끼의 프로듀서. 이 둘의 조합은 기존의 노래가 다른 빛깔을 내도록 해준다. 맑은 목소리로 노래를 부르는 여자싱어 '김달림'과 하마 가면을 쓴 '하마발'이 한 팀으로 국적을 넘나들며 다양한 커버곡들을 부르고 있다. 최근에는 콘서트를 열어 팬들과 시간을 갖는 등 그들만의 커뮤니티가 단단하게 만들어져 있다.

그런데… 이 시국에… J-pop을 계속? 그렇다. 이들은 J-pop으로 성장했다. 이런 말이 있다. "노래는 만국 공통어다. 노래에는 악도 없다." 그렇다. 노래에는 국경도 없고 악도 없다. 감상이 있을 뿐이다. 오히려 이 크리에이터의 댓글에는 한국과 화해를 원하는 일본인들이 댓글을 달기도 한다.

달마발이 노래를 부른다고 해서 국제적인 이슈가 사라지지는 않을 것이다. 하지만 적은 수의 인원이라도 달마발로 인해 한일 양국의 국민이 유튜브라는 환경에서 만나 조금이라도 서로의 마음을 헤아릴 수 있다면, 달마발은 이 시국에도 열심히 J-pop 콘텐츠를 만들어낼 것이라 확신한다.

148

▶ 카테고리 : 이슈/정보/뉴스
▶ 콘텐츠 타입 : 인터뷰

➕ 추천 영상

병원에는 왜 젊은 간호사밖에 없을까?
(조회수 955,372회, 2018. 5. 4)

야키니쿠, 한국도 일본도 아닌 재일교포의 음식
(조회수 749,757회, 최초 공개: 2019. 2. 13)

뉴미디어 탐사 보도의 선구자, 새로운 상식을 만드는 미디어

149

닷페이스 (구독자 19.2만 명)

닷페이스는 미디어다. 새로운 시대에 새로운 상식을 원하는 구독자들에 힘입어 기성 언론이 주목하지 않았던 아젠다를 깊이와 과감함으로 탐사해 영상으로 만든다. 가령, 이런 식이다. 누군가에게 있어 특별한 의미를 가진, 유독 의미 있는 맛을 가진 음식을 '소울 푸드'라고 한다. 닷페이스는 '소울 푸드'라는 같은 이름의 주제를 한국에 거주하는 외국인들의 사연과 문제와 접목시킨다.

'양꼬치는 한국에 어떻게 퍼졌을까?'라는 질문으로 조선족의 이야기를 다루고, '야키니쿠, 한국도 일본도 아닌 재일교포의 음식'이라는 주제로 재일교포를 다룬다. '결혼 이주 여성이 먹는 베트남식 부침개, 반쎄오'로 베트남 여성을 다룬다.

지금껏 수면 위로는 올라오지 않았던 '타이마사지사들의 성행위/ 유사 성행위를 강요받는 문제'를 끈질기게 취재하고 세련된 영상미로 담아 유튜브에서 200만 뷰를 확보하기도 했다. 여성들의 자위에 관한 올바른 생각을 전달하는 영상은 1천만 뷰를 넘어섰다.

모르는 사람은 꽤나 자극적인 주제로만 볼 수도 있겠다. 하지만 '자극적인 주제 선정'이 아닌, 한국 사회의 이면을 볼 수 있는 '아젠다 세팅'이야말로 닷페이스 고유의 능력이라 할 수 있겠다.

150

▶ 카테고리 : 이슈/정보/뉴스
▶ 콘텐츠 타입 : 익스플레인

추천 영상

5월 10일, 국민들 소름을 쫙악 돋게 만든 그날의
비밀이 공개된다... 그런데!!!
(조회수 42,963회, 2019. 5. 7)

대한민국 함 뭉치잣-★ 정부와 5천만 국민
크로쓰!
(조회수 21,461회, 2019.8.16)

공공기관이 '살아있다' 대한민국 정부

대한민국 정부 (구독자 21.8만 명)

'박물관이 살아있다'라는 영화가 있다. 제목 그대로 이해하면 된다. 박물관에 있는 공룡, 동물, 위인들이 모두 살아서 움직이게 된 거다. 생각해보자. 고고한 박물관에서 신비하게 연출된 그것들이 모두 다 살아 움직이면 역동적이고 재미있지 않을까?

대한민국 정부 채널도 이와 비슷하다 보면 되겠다. 온갖 것들이 다 살아 움직인다. 개그우먼이 출연해 대한민국을 들었다 놨다 하는 공직자들과 재미있게 인터뷰를 하고, 유튜브에서 맹활약을 펼치고 있는 크리에이터들이 정부의 정책을 그들의 스타일로 풀어낸다. 시민들을 찾아가 정책 퀴즈를 풀며 소통하고 뉴스이지만 뉴스 같지 않은, 달달한 목소리로 꼭 알아야 할 소식을 캐주얼하게 들려주기도 한다.

기존 미디어에서 볼 수 있는 정부의 홍보 포맷을 과감하게 깨고 유튜브 생태계에 최적화된 콘텐츠를 만들기 위해 노력하는 모습을 볼 수 있다. 특히 임시정부 수립 100주년을 맞이하여 유명 크리에이터들과 임시정부 터를 함께 가본 콘텐츠는 의미 있다.

살아있는 정부의 이야기가 궁금하다면, 좋은 정책 얘기를 듣고 생활을 좀더 윤택하게 만들어보고 싶다면 들어가 보는 것을 추천한다.

▶ 카테고리 : 음악
▶ 콘텐츠 타입 : 예능

📹 **추천 영상**

조정석, 손나은 동원참치송 리뷰
(조회수 392,011회, 2019. 8. 28)

혼돈의 짐살라빔 리뷰
(조회수 1,366,420회, 2019. 7. 7)

대중음악이 저세상 텐션
장인을 만날 때

데일리뮤직 (구독자 19.1만 명)

'사람들이 음파음파를 안 듣는 진짜 이유', '짐살라빔이 욕먹는 세 가지 이유', '있지 ICY
는 왜 호불호가 갈릴까?', 'BTS 작은 것들을 위한 시 리뷰 멜로디가 단순하다고?!!'
이중 단 하나라도 호기심이 동하지 않았다면 트렌드 음악과는 거리가 먼 사람이다. 20
대라면 이 제목을 보는 순간 무조건 클릭했을 것이다. 대중음악을 리뷰하는 남자, '데
일리뮤직'. 10대부터 30대가 자주 듣는 대중음악을 여러 차원에서 리뷰하고 변주한다.
그의 돋보이는 크리에이티브는 주로 '변주'에서 나온다.
방탄소년단의 'IDOL'을 리뷰한 콘텐츠를 보면, 처음에는 아프리카 음악 장르 중 하나인
Gqom과 국악이 가미된 음악이라고 설명하면서 어떤 요소들이 가미된 것인지를 하나
하나 알려준다. 그 다음 국악 등 다양한 버전으로 변주해 들려주는데 듣고 있으면 저절
로 그루브를 타게 된다.
데일리뮤직은 대중들이 좋아하는 음악 뒤편에 자리한 호기심을 주제로 가져와 이를 재
미있고 유쾌하게 짚어준다. 여기에 본인의 작곡 실력을 바탕으로 동일한 음악의 새로
운 모습을 보여주는 데서 구독자들에게 통쾌한 쾌감을 선사한다.

154

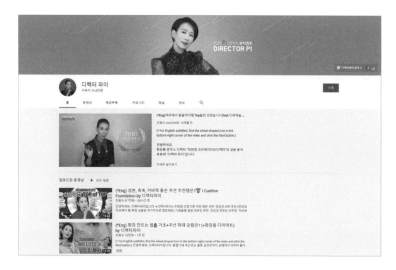

▶ 카테고리 : 패션/뷰티
▶ 콘텐츠 타입 : 익스플레인, 리뷰

🎬 추천 영상

피부 좋아지는 세안제? 클렌징폼, 로션, 젤 48종
피부타입별 성분 분석
(조회수 1,766,056회, 2018. 1. 25)

여드름 없애고 안나게 하는 법?
피부 좋아지는 습관
(조회수 239,947회, 2019. 9. 30)

뷰티업계의 분석왕

디렉터 파이 (구독자 74.4만 명)

뷰티 크리에이터는 많다. 하지만 수많은 뷰티 제품들의 성분을 체계적인 방법론에 근거하여 모조리 다 비교하는 뷰티 크리에이터는 존재하기 쉽지 않다. 그래서 그녀는 뷰티 업계에서 독보적인 위치를 점하고 있다.

뷰티 디렉터로 출발한 그녀는 독립 후 뷰티 채널의 패널부터 출연자로 다양한 뷰티 정보를 앞서서 알려주곤 했다. 이제는 유튜브로 진출해 자신의 전문성을 살리는 콘텐츠를 만드는 중이다. 잡지사 기자 시절의 아이템 선정 능력과 정보 분석 능력은 유튜브에서 빛을 발했다.

어떤 뷰티 제품의 홍보성 기사가 올라오는데 '디렉터 파이가 인정한 제품'이라는 뉘앙스의 워딩이 뉴스 제목에 떡하니 실려 있다. 지나가는 버스의 간판에서도 '디렉터 파이 인증'이라는 문구가 박힌 화장품을 종종 볼 수 있다.

그만큼 현재 디렉터 파이의 뷰티 업계 내에서의 인지도는 신뢰성으로 직결된다. 성분 체크 및 꼼꼼한 분석의 정석이라고도 불리는 디렉터 파이. 뷰티 업계에서의 인지도 높은 이사배, 포니, 씬님 등을 넘어 이제는 남성들도 디렉터 파이를 알고 있어야 할 때가 왔다.

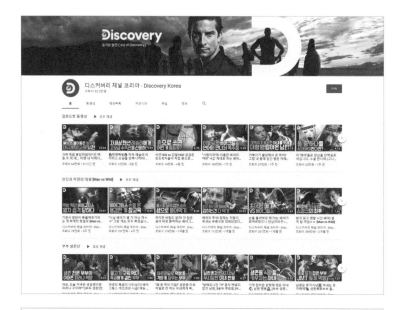

▶ 카테고리 : 다큐멘터리
▶ 콘텐츠 타입 : 예능

🎬 추천 영상

무인도에서 굶고 있는 베어 그릴스 앞에 상어가
나타났다
(조회수 7,873,789회, 2019. 7. 26)

NBA 탑 스타를 위한 초호화 뱀 집!
그 집이 내 집이었어야 해
(조회수 592,824회, 2019. 9. 25)

이야, 여기 편집 맛집이네

디스커버리 채널 코리아 (구독자 60만 명)

리얼 라이프 엔터테인먼트 No. 1 채널 디스커버리의 한국 정식 유튜브 채널이다. 사람의 손길이 닿지 않는 대자연의 야생과 그 속에서의 짜릿한 탐험을 간접 경험할 수 있다. 이 채널에서 가장 사랑받는 콘텐츠는 당연 베어 그릴스다. 생 곤충을 씹어 먹고, 악어를 구워 먹고, 죽은 양의 가죽을 떼어내 그것을 침낭삼아 추위를 피한다. 베어 그릴스가 고생하는 만큼 조회수도 올라간다. 내가 하긴 싫지만, 남이 하는 것을 보는 건 꿀잼인가 보다.

이 채널에 올라오는 영상들은 기존의 디스커버리 채널 영상을 한국식으로 재가공한 편집본이다. 1020세대의 정서에 맞춘 드립이 넘치는 자막과 편집스타일은 또 하나의 인기요인이다. 예전에 디스커버리 채널에서 본 영상인데 재미있는 편집본을 보기 위해 똑같은 영상을 2번 본 적도 있다.

독보적인 콘텐츠 소재와 양과 더불어 한국식 편집으로 많은 사랑을 받고 있다.

158

▶ 카테고리 : IT
▶ 콘텐츠 타입 : 리뷰

추천 영상

8년차 앱등이가 알려주는, 아이폰 숨겨진
꿀기능 5가지! 이거 왜 다들 몰라요 ㅠㅠ
(조회수 1,845,959회, 2019. 2. 21)

직장 때려치고 창업한 여자들, 유럽에 사무실 얻
었다고? 포르투 한 달 살기 프로젝트 시작!
(조회수 138,571회, 2018. 5. 13)

사는 재미로 살아가는 그녀들의 폼나는 리뷰

디에디트 (구독자 16.6만 명)

폼나고 세련된 인생, 리뷰어, 매체, 디에디트. IT 제품을 리뷰하는 채널이다. 리뷰를 때 깔 좋고 재미있게 뽑아내는 걸로 유명하다. 인기 동영상을 보면 주로 애플 제품과 전자 담배가 상위에 배치되어 있다.

다른 한 편으로 유명한 콘텐츠는 디지털 노마드로서 해외에서 한 달 정도 생활을 하며 일도 하는 '어차피 일할 거라면'이 있다. '어차피 일할 거라면 좋은 것 보고 좋은 것 먹으 며 해외에서도 해보자'는 취지로 2018년은 포르투갈에 있었고, 2019년에는 이탈리아 의 시칠리아를 다녀왔다.

그들이 시칠리아로 떠날 때 적은 텍스트 중 유독 이 내용이 눈에 띈다.

"우리는 대단해 보이고 싶어서 유럽으로 떠난 게 아니었다. 불안함이 커서. 계속 이렇 게 살아야 할지 잘 모르겠어서. 어디론가 떠나고 싶지만, 사람들에게 잊히고 싶지도 않 아서. 하던 일을 멈출 수 없어서 사무실 통째로 옮기기로 했던 거였다."

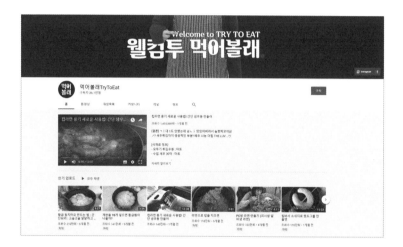

▶ 카테고리 : 푸드
▶ 콘텐츠 타입 : 예능

📹 추천 영상

송편을 튀기면 폭발한다?
(조회수 291,965회, 2019. 9. 15)

컵라면 용기 새로운 사용법! 간단 냉우동 만들어
(조회수 1,404,011회, 2019. 9. 20)

편집과 연출이 이렇게 중요합니다

먹어볼래 (구독자 40만 명)

스피디한 편집과 허를 찌르는 유머가 돋보이는 요리 유튜버. 채널 생성 6개월 만에 구독자 35만 명 돌파! 백종원의 요리비책에는 비할 바가 아니지만, 엄청난 성장세. 그의 매력은 무엇일까?

영상에는 크리에이터의 얼굴뿐 아니라 그 흔한 내레이션도 없다. 그저 자막과 음악만 있을 뿐이다. 그럼에도 불구하고 눈과 귀가 하나도 심심하지 않다. 영상은 식재료를 사러가는 순간부터 요리의 마지막까지 빠른 템포로 진행된다. 빠르면서도 중간중간에 끼어드는 B급 감성의 편집은 혀를 내두를 정도로 적절하다.

별것 아닌 요리영상이라도 편집을 어떻게 하느냐에 따라 블록버스터 영화처럼 보일 수 있음을 깨닫게 해주는 채널이다. 초기 영상들은 다소 정석적인 편집방식으로 타 요리 콘텐츠와 비슷하게 제작되었는데, 점차 편집 방식이 스피디해지고 유머코드가 섞이면서 지금의 스타일이 완성되었다. 이처럼 편집과 연출의 힘은 엄청난 힘을 갖고 있다.

기존의 방식을 타파하고 새로운 방식을 도전하는 것이 두렵고 어려울 수 있지만, 뭐 어떤가! 이미 그대가 유튜브에 도전했다면 밑져야 본전이니 망설이지 말자. 영상을 다 보면 이런 생각이 든다.

'아유 어지럽고 배고파...!'

▶ 카테고리 : 교육, 인물
▶ 콘텐츠 타입 : 예능, 브이로그

추천 영상

"나보다 잘하는데?" 교수님과 학생이 서로
감탄하는 고려대 발표
(조회수 1,610,670회, 2019. 6. 30)

5수생의 한이 서린 자기소개 ㅋㅋㅋㅋ
진짜 미친놈인줄
(조회수 218,495회, 2019. 4. 3)

미친 텐션, 미친 강의력, 미친 5수생

미미미누 (구독자 9.64만 명)

혼종, 비슷한 말로 잡종이 있다. 영어로 번역을 하면 Hybrid 정도가 되겠다. 그냥 한 마디로 여러 가지를 다 섞어 놓은 거다. 5수를 해서 결국 고려대를 갔는데 끼를 주체하지 못해서 미친 텐션으로 대학교 발표 시간에 앞에 나와서 빅뱅 랩을 하며 '예술의 세계에서 노닐다'는 뜻의 '유어예' 발표를 하는 사람. 이런 게 바로 혼종이다. 이런 게 바로 미미미누의 독특한 지점이다.

그는 일상 예능부터 다양한 콘텐츠 소재를 갖고 영상을 찍지만, 가장 높은 조회수가 나왔던 영상들은 하나같이 '강의'였다. 그렇다. 미미미누의 가장 확실한 강점은 바로 '강의력'이다. 그 강의력의 미친 텐션을 보고 싶다면 '교양 발표 수업에서 빅뱅 콘서트 실화?'를 보고, 그 강의력의 놀라운 전달력을 보고 싶다면 '교수님으로 빙의한 5수생의 대학발표'를 보라. 일상을 일상 같지 않게 사는 모습을 보고 싶다면 다 보면 된다.

똑똑한 친구가 웃기기까지 하고 남들 앞에서 스스럼없이 각종 퍼포먼스를 보이니 안 볼 수가 없게 된다. 미미미누는 그렇게 누가 봐도 빨려들 수밖에 없는 아이덴티티의 소유자다.

164

▶ 카테고리 : 여행/해외
▶ 콘텐츠 타입 : 익스플레인

➕📹 추천 영상

한국인이 잘 모르는 기상천외한 일본 선거 제도
(조회수 74,128회, 2019. 7. 13)

한국 사람이 이해할 수 없는 일본문화 - 일본의
특이한(?) 화장실 -
(조회수 170,877회, 2019. 9. 7)

옆집 사는 교토대 나온 형

박가네 (구독자 10.2만 명)

"아이고~~ 가무사하무니다"

일본 거주 15년차의 오상과 일본인 와이프 츄미코 부부가 진행하는 토크방송이다. 영상 주제는 부부생활이 아니고 일본의 사회, 경제, 기업 등 꽤 깊이 있는 내용을 다룬다. 컨셉이 투머치(TMI)토크다. 일반인들이 궁금해 하는 수준을 풀어주는 레벨이 아니라 일본에 대한 지식을 기반으로 심도 깊은 이야기를 재미있게 풀어준다. 재미는 물론 지식 습득 차원에서도 보기 좋다.

현지거주 + 한국인의 시점과 일본인의 시점 + 오상의 지식이 합쳐져서 내용들을 풀어가기 때문에 미디어에서 나오는 기사보다 훨씬 더 깊이가 있는 편이다. 또한 사건이나 이슈의 결과뿐 아니라 원인과 이유, 진행되는 과정까지 TMI로 풀어내기 때문에 한 주제에 대해 면밀히 이해할 수 있다.

그들이 내놓는 일본의 현황에 대한 분석을 미디어보다 더 신뢰하는 사람들이 많다. 국내나 일본의 미디어는 이해관계가 엮여 있어 이 채널의 정보가 오히려 제대로 된 정보라는 인식이 생긴 것이다. 부부의 서글서글한 성격과 구수함은 덤이다.

166

▶ 카테고리 : 엔터테인먼트
▶ 콘텐츠 타입 : 예능

📹 추천 영상

모르는 사람 앞에서 이상한 다이어트 하기
(조회수 363,967회, 2019. 10. 9)

모르는 사람한테 치명적인 척하기
(조회수 3,423,999회, 2019. 5. 11)

비슷한 콘텐츠는 많지만, 이들의 매력은 독보적이다

비슷해보이즈 (구독자 50.1만 명)

우리의 엉뚱함은 당신의 미소만큼 화려하다. '엉뚱한 남자들이 만드는 게릴라 몰카 웹예능'이라는 슬로건을 걸고 활동 중인 비슷해보이즈.

몰카 콘텐츠의 원조격으로 볼 수 있는 이들의 콘텐츠는 몰카이지만 내용이 상대방의 기분을 전혀 나쁘게 하지 않고, 기분 좋게 웃을 수 있는 콘텐츠들이 많다. 그들의 콘텐츠를 보고 따라하는 유튜버가 많아지기도 했다. 구독자 수가 폭발적으로 늘어나기 시작한 시점은 길거리 ASMR 먹방을 시작으로, 치명적인 척하기 시리즈에서부터 인기가 확 올랐다.

'단 한번을 웃어도 느낌 있게'라는 그들의 바람대로 영상을 보며 터져 나오는 웃음은 황당해서 나오는 웃음이 아니라 그들의 기발함에, 엉뚱함에 나오는 기분 좋은 웃음이다.

168

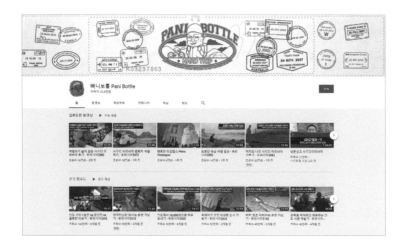

▶ 카테고리 : 여행, 해외
▶ 콘텐츠 타입 : 브이로그

➕◀ **추천 영상**

인도 기차 1등칸 vs 중간칸 vs 꼴등칸 타보기
(조회수 1,429,210회, 2019. 4. 25)

인도 사막에서 캠핑 해보기
(조회수 255,178회, 2019. 4. 28)

이게 가장 현실적인 세계여행 혼행러의 모습이지

빠니보틀 (구독자 23.8만 명)

빡시게 세계여행 빠니보틀. 2019년 7월 당시 8만 유튜버였던 그가 불과 3개월 만에 23만 유튜버가 되었다. 유튜브를 시작한 이유는 관종 병 + 자의 반 타의 반으로 회사 때려치운 백수 + 능숙한 영상 편집 기술 = 유튜브를 안 할 이유가 없다고 생각해 시작했다고 한다.

빠니보틀로 닉네임을 지은 이유는 2017년 첫 인도여행 때 기차에서 자고 있는데 물 파는 상인이 외치는 '빠니보틀 빠니보틀' 때문에 깬 후 머리 속에 깊이 각인 돼 기존의 '아반떼'에서 '빠니보틀'로 변경하게 되었다고 한다. 빠니보틀은 힌디어로 '물병'을 뜻한다. 담백하고 입담 있는 여행자인 그는 화려한 영상미나 편집 실력을 보여주지는 않지만 본인의 매력을 살려내는 편집이 오히려 과하지 않아 좋다.

어느 나라를 가던 긍정적인 마인드로 여행 임하는 게 빠니보틀 만의 매력이다. 외모에 비해 비교적 많은 나이와 (상당히 동안이다) 탈모증세, 작은 체형 등이 짠하지만 정감 가고 일단 재밌다. 영상은 혼자 여행하는 영상이 주를 이루는데 중얼중얼하면서 혼자 툭툭 내뱉는 말들이 은근히 웃음 포인트를 건드린다. 여러 조미료를 치지 않아도 날것 그대로 맛있는 음식이 있듯 그의 내추럴 한 모습에 매료될 것이다.

▶ 카테고리 : 과학
▶ 콘텐츠 타입 : 하우투

📹 추천 영상

3D펜으로 부서진 벽 꾸미기
(조회수 17,667,844회, 2019. 6. 27)

소녀상 동상 만들기
(조회수 2,828,328회, 최초 공개: 2019. 8. 14)

'3D펜 크리에이터 = 사나고'의 공식

사나고 (구독자 170만 명)

유튜브를 보는 한국인이라면 한 번쯤은 추천피드에서 봤을 법한 유명인, 3D펜 장인 사나고. '4차 산업혁명'을 이끌 주역 중 하나로 불리는 3D 프린터, 그 3D펜의 장인이 여기 있다. 다른 재료는 필요 없이 3D펜 필라멘트로 가지각색의 물품들을 만들어낸다. 애니메이션 캐릭터부터 칼, 쿠나이, 고양이 모양 다리(Bridge), 부서진 벽 채우기 등등 창의력이 돋보인다.

특히 주목할 만한 영상으로는 '소녀상 만들기'가 있다. 시국이 시국인 만큼 3D 펜으로 만든 소녀상의 영상은 많은 사람들의 이목을 끌었다. 사나고는 평소에 어떤 작품을 만들 때 중간중간 드립을 넣으며 웃음 포인트를 살려주는데, 이 영상에서는 일제강점기 상처 입은 우리의 과거에 대해 내레이션으로 넣었다. 자신만이 갖고 있는 능력과 시의적절한 아이디어를 섞어 의미 있는 콘텐츠를 만들어낸 케이스다.

사나고의 기획은 그가 갖고 있는 능력을 통해 콘텐츠라는 꽃을 피워냈고, 공감대가 확장되면서 170만 명이라는 많은 시청자가 구독과 좋아요로 사나고를 응원하고 있다. 그의 스마트스토어 샵에서는 3D펜을 같이 팔고 있다.

172

▶ 카테고리 : 푸드, 인물
▶ 콘텐츠 타입 :먹방, 요리

추천 영상

송이버섯을 통으로 구워 먹어보았습니다. 1++
등심과 함께 (조회수 321,840회, 최초 공개:
2019. 9. 21)

짜파게티+팔도짜장면+해물믹스+돌문어+
돼지고기+양파 이 조합의 정체는? (조회수
1,543,355회, 최초 공개: 2019. 8. 21)

살아있는 임꺽정의 먹방

산적TV 밥굽남 (구독자 38.6만 명)

임꺽정이 돌아왔다…먹방으로. 닉네임과 채널 이름, 비주얼이 이렇게 찰떡인 크리에이터는 흔치 않다. 흡사 '산적' 비주얼을 내뿜으며 진행되는 '통'먹방은 보는 것만으로도 배부르게 만든다.

그가 만드는 대부분의 콘텐츠는 '통' 이라는 글자가 들어간다. 통삼겹, 통구이 등등 산적요리에 걸맞은 요리를 만든다. 실제 요리방식도 섬세하진 않다. '꽁치통김치찌개'에서는 달궈진 솥뚜껑에 꽁치 통조림을 국물까지 통째로 넣고 김치 한 포기를 얹는다. 그리고 물을 넣고 뚜껑을 덮는다. 이게 요리의 전부다. 얼마나 쿨내 진동하는가. 진짜 조선의 산적들은 요리를 이렇게 했을 것 같다.

이런 부분들이 합쳐져 '산적'이라는 그만의 아이덴티티가 만들어지고, 구독자에게 매력적으로 다가왔을 것이다. 수저부터 그릇, 술잔, 냄비, 밥상, 음식재료까지 모든 디테일이 '산적'이라는 컨셉에 걸맞게 맞춰져 있다. 오히려 지독하게 섬세하게 컨셉을 맞추었다.

크리에이터로서 자신만의 매력을 살려내는 컨셉을 찾고, 그것을 발전시키기 위해 노력해나간다면, 이미 그 크리에이터는 대중에게 사랑받을 자격이 충분하다.

▶ 카테고리 : 인물
▶ 콘텐츠 타입 : 예능

■◀ 추천 영상

호날두 유니폼 불태우는 빡친 외국인
(조회수 719,204회, 2019. 7. 31)

한국 편의점 복권 10만원으로 인생역전한
외국인
(조회수 1,207,723회, 2019. 9. 22)

국뽕 코인 탑승완료

소련여자 (구독자 66만 명)

'국뽕 코인 탑승완료'. 그녀가 자신을 소개하는 말이다. 러시아에서 온 그녀는 그야말로 '국뽕 코인'에 제대로 탑승했다. 유튜브 시작 2개월만에 구독자 30만 명을 돌파했다. 그녀의 매력이 엄청나다는 것을 증명해준다. 직관적이고 강렬한 빨강색을 메인 컬러로 사용하여 소련여자의 이미지를 한층 더 강화했다.

이 채널의 가장 큰 매력은 아무래도 방송을 진행하는 운영자인 '크리스' 본인이다. 어눌한 듯하지만 사용하는 말은 한국에서 20년은 산 듯한 어휘력을 구사한다. 무표정한 얼굴에서 나오는 무심한 듯한 유머는 방심하고 있던 시청자의 웃음보를 터트린다.

병맛 텐션과 국뽕을 혼합한 궁극의 캐릭터. 국뽕을 탑재한 외국인은 아무래도 치트키인 것 같다. 유튜브 개설 1개월 만에 왓챠 광고를 찍었던 그녀는 현재 삼성, 크린토피아, 스노우의 광고까지 섭렵했다.

176

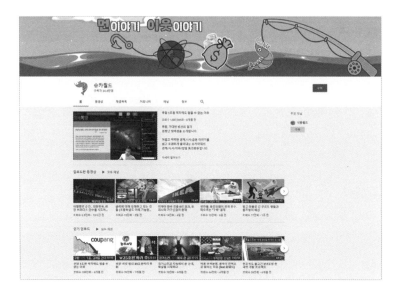

▶ 카테고리 : 금융/재테크
▶ 콘텐츠 타입 : 스트리밍 편집

🎬 추천 영상

영국이 유로화를 안 쓰게 된 계기(?)를
준 조지 소로스
(조회수 263,543회, 2019. 4. 3)

트레이더의 세계. 모니터 8대의 비밀
(조회수 214,433회, 2019. 4. 7)

아들이 내가 잘 모르는
금융을 물어보았다

슈카월드 (구독자 34.1만 명)

낭만보다 현실을 더 중시하고, 미사여구보다 팩트를 원하는 청년세대에게 돈에 대한 관심은 그 어느 세대보다 강렬하고 직접적이다.

"소프트뱅크 비전펀드의 12년짜리 기간 채권의 연이율 7%. 손정의형이 쿠팡에 얼마 넣었어? 3조. 3조의 7%는? 2,100억. 쿠팡이 2,100억을 벌어야 0이야. 수익도 아니고 0. 근데 쿠팡이 지금 얼마 벌어? 500억. 정의 형에게 나 500억이나 벌었쪄염. 뿌- 하면 어떻게 돼? 뭘 어떻게 돼. 처 맞는거지." - 쿠팡 1조 원 적자에도 멈출 수 없는 이유 (2019.4.24) 영상 내용 중

이보다 쉽게 설명할 수 있을까? 슈카월드는 예능으로 봐도 재미있고, 지식채널로 봐도 충분히 좋은 채널이다. 금융 분야의 여러 콘텐츠 중 아들과 손잡고 같이 보기에 이만한 채널은 없다. 서울대 경제학부 97학번에 증권사 채권 프랍트레이더 경력을 갖고 있다. 최근 겸업 금지로 유튜브 때문에 회사에서 잘렸고, 모든 시청자들은 그가 다시 회사에 다니지 않고 콘텐츠를 더 많이 만들기를 바랐지만, 슈카는 계속 '난 회사 다닐거야'라고 했다. 하지만 최근 SBS 시사예능 <돈워리스쿨>에 고정출연으로 들어가면서 방송에 집중하지 않을까 기대되고 있다.

178

▶ 카테고리 : 금융/재테크

▶ 콘텐츠 타입 : 토크, 인터뷰

추천 영상

회사생활 적응 실패한 친구와 쇼핑몰 창업하기 | 창업다마고치
(조회수 484,169회, 2018. 11. 12)

30대에게 가장 중요한 것들
(ft. 토익강사 유수연)
(조회수 125,064회, 2019. 8)

젊은 친구, 돈 벌고 싶으면 신사답게 행동해. '신사'임당

신사임당 (구독자 35.8만 명)

'신사임당'하면 무엇이 떠오르는가? 율곡 이이의 어머니이자, 유학자, 화가, 작가, 시인이 떠오를 수도 있지만, 일단 '5만원권'이 생각날 것이다. '신사임당=5만원=돈'이라는 연상이 떠오른다. 대한민국의 몇 안 되는 재테크 유튜버 중 '잘 나가는' 유튜버다.

신사임당은 재테크 유튜버 답게 경제PD 출신이다. 경제PD를 하다가 사표를 내고 창업을 시작했다. 많은 고난을 겪으며 사업을 해왔고 내공이 쌓이자 지인의 창업을 컨설팅해주는 '창업 다마고치' 콘텐츠를 게시하며 유튜버로서 인지도를 얻었다.

실전에서 본인이 체득한 창업 노하우, 재테크 정보들을 알기 쉽게 설명하여 얘기가 귀에 쏙쏙 들어온다. 보통 돈을 많이 버는 유튜버에 대한 대중들의 시선이 좋지 않은 경우가 많은데, 꾸미지 않은 소탈한 형처럼 친근한 느낌으로 다가오는 신사임당은 오히려 구독자들에게 호감을 얻었다.

창업 콘텐츠, 재테크 콘텐츠를 넘어 이제는 성공을 좇는 사람들을 인터뷰하는 콘텐츠를 하며 다양성을 보여주고 있다. 사업을 준비하는 단계에 있는 사람, 재테크를 해보고 싶은 사람들은 구독을 꼭 눌러도 좋다.

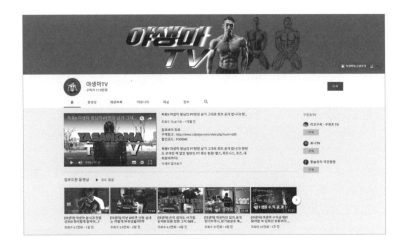

▶ 카테고리 : 건강/운동/스포츠 , 자동차
▶ 콘텐츠 타입 : 토크

➕ 추천 영상

무자비한 남자의 찐한 인생 스토리
'Bravo My Life'
(조회수 248,404회, 2019. 3. 26)

야생마의 편의점을 털어라!!! 편의점에서
다이어트 식단 사먹기!!!
(조회수 520,437회, 2019. 4. 30)

자비 없는 인생,
무자비한 멘션

야생마TV (구독자 17.9만 명)

"지금 형님 때문에 어깨 잘못돼서 똥 안 닦아집니다", "형님 운동하실 때 다리를 오므리는 걸 보니 역시 소녀십니다", "자비 없이 강력합니다 형님" 어떤 영상에든 야생마 형님에 대한 존경과 위트가 담긴 댓글이 달린다.

근육질의 몸매와 소녀 같은 얼굴, 강력한 말투가 야생마를 이루고 있는 3요소다. 그는 차량을 좋아해 각종 차량을 리뷰한다. 생활 체육인으로서 본인의 운동 루틴과 식단을 가감 없이 알려준다. 이것만 있었으면 다른 유튜버와 큰 차별점이 없었을 텐데. 무자비한 남자의 찐한 인생 스토리를 접할 수 있다. 스스로의 인생에 자비를 두지 않는 치열한 일상은 시청자들에게 강한 인상을 준다.

옷 장사를 하다가, 디스플레이 회사에 취직했다가, 남동공단에 들어갔다가 개인적인 인생의 터닝포인트로 토요일 노가다, 일요일 대리운전, 매일새벽 신문 배달을 하며 본인이 하고 싶은 것을 향해 책임을 회피하지 않고 처절하게 달려온 스토리가 그에게는 있었다.

그의 영상 가운데, 1년 5개월 간 빠지지 않고 해온 신문배달의 마지막 날 영상을 보노라면 절로 숙연해진다. 인생은 야생마 형님처럼 무자비하게 달려가야 하는구나.

▶ 카테고리 : 만화/애니메이션
▶ 콘텐츠 타입 : 리뷰

➕📹 추천 영상

12간지를 외우게 해준 만화 하지만
동심파괴였는데..-꾸러기수비대 리뷰!!
(조회수 630,424회, 2019. 4. 20)

애들 만화는 확실히 아니야.... -
골라이온(볼트론) 줄거리 요약 리뷰!!
(조회수 1,387,112회, 2019. 6. 2)

분명 봤는데 끝은 기억 안 나는 옛날 그 만화

얄리의아재비디오 (구독자 8.93만 명)

가끔 친구들과 만나면 옛날 추억들을 얘기할 때가 있다. 어린 시절 즐겼던 팽이, 미니카, 그리고 로봇까지. 당신도 그럴 때가 있는가? 만약 로봇 얘기를 하게 된다면 유튜브를 켜 이 채널을 보며 함께 얘기를 나누자. '얄리의아재비디오'다.

80년대생부터 90년대 초반까지 태어난 남성들이 특히 좋아할 만한 채널. 어렸을 때 봤던 만화영화들을 리뷰하고 소개하는 채널이다. 정말 주옥 같은 명작들이 리뷰영상으로 올라온다.

주인공보다 더 멋있었던 블랙옥스를 기억한다면 초전동로보 철인 28호 FX를 알 것이고, 처음부터 무진장 암울하고 슬펐던 스토리를 가졌던 우주의 기사 테카맨, 똘기 떵이 호치 새초미로 시작하는 노래를 알고 있으면 기억할 꾸러기 수비대까지.

어렸을 적 동심을 기억하며 우리의 추억을 함께 했던 만화영화의 세계로 빠지고 싶다면 조용히 얄리의 아재비디오를 켜보자.

184

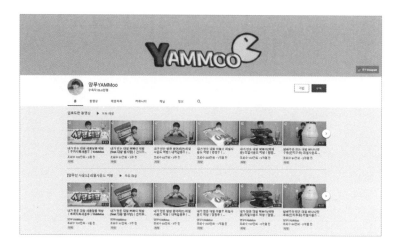

▶ 카테고리 : 푸드
▶ 콘텐츠 타입 : 먹방

🎦 추천 영상

내가 만든 돌(돌멩이) 리얼 사운드 먹방
(조회수 2,156,449회, 2019. 3. 5)

내가 만든 대왕 돼지바 리얼사운드 먹방
(조회수 3,342,325회, 2019. 3. 28)

초대형 핸드메이드
먹방 유튜버

얌무 (구독자 86.6만 명)

특이한 대형음식을 만들어 리뷰하는 먹방 유튜버. 인기 있는 음식은 '레시피 공개 영상'을 업로드한다. 그가 만든 대형 음식은 매번 어떻게 만들었을지 가늠이 안 갈 정도로 특이하다. 보통 크리에이터가 특이한 음식을 먹방했을 때에는 댓글에 레시피 공개요청이 쇄도하는데, 얌무 댓글에는 다른 유튜버들이 따라하니 레시피를 공개하지 말아달라는 요구까지 있을 정도!

콘텐츠 아이디어도 좋지만 구독자와의 소통을 잘해 팬층도 두껍다. 이를 통해 점점 발전해나가는 크리에이터인 듯. 남자인지 여자인지 헷갈리는 중성적인 외모도 또 하나의 매력 포인트이다.

대형 음식을 만들 생각을 하는 것만으로도 대단한데, 실제로 그 음식을 맛있게 먹으니 상상을 현실로 만들어주는 듯하여 대리만족감까지 든다. 아이디어가 정말 좋은 크리에이터.

186

▶ 카테고리 : 여행/해외
▶ 콘텐츠 타입 : 예능, 브이로그

■◀ 추천 영상

역대급 몰카) 연변 간다니까 오열하는 친구
(조회수 671,152회, 2019. 10. 10)

존잘러 훈남이 윙크하면 뭐 어쩔건데?
오예입니다. In 시베리아횡단열차
(조회수 1,717,566회, 2018. 7. 30)

지구상에서 여행을
가장 재밌게 하는 두 여자

여락이들 (구독자 42.1만 명)

여자 둘이서 여행을 하며 생기는 에피소드가 재밌다. 유쾌하고 즉흥적인 여행을 하며
영상 편집 부분에 있어서 일반 예능만큼이나 뛰어나다. 최근 모두투어와 콜라보한 영
상의 인트로는 웬만한 영화의 인트로보다 재밌게 촬영되었다. 시간이 갈수록 영상 퀄
리티가 성장하는 채널. 인도에 관한 재밌는 에피소드들이 많다.

일반적으로 여행영상들은 두 가지 종류로 나뉜다. 하나는 그 여행지의 좋은 풍경, 좋은
음식, 좋은 사람들을 보여주는 경우다. 자신이 가고 싶은 여행지에 대한 환상을 화려한
여행영상을 통해 미리 경험해보는 것이다.

또 하나는 대한민국에서는 일어나지 않는 일, 혹은 미지의 세계에서 일어나는 충격적
인 일을 다룬 여행영상이다. 미지의 세계를 여행하는 것은 모험이고, 불안이 잇따른다.
두 번째 유형의 콘텐츠는 이런 미지의 세계에 대한 호기심을 충족시킴과 동시에 자신
이 겪을 수 있는 비상상황에 대처할 수 있도록 하는 예방주사의 역할을 한다. 어떤 종
류의 여행영상이건 유튜브 카테고리에서 당분간은 빠지지 않을 키워드 '여행'. 계속해
서 많은 여행자들이 여행을 즐길 수 있도록 여락이들도 오래 갔으면 하는 마음이다.

188

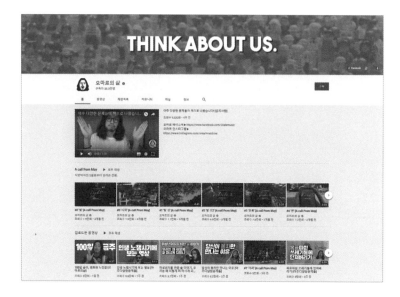

▶ 카테고리 : 인물
▶ 콘텐츠 타입 : 토크

📹 추천 영상

매력적인 사람으로 보일 수 있는 작은 팁
(조회수 874,836회, 2017. 1. 25)

절대로 가까이 하면 안되는 인간
(조회수 542,782회, 2017. 12. 4)

비주얼에서 먹고 들어가는 인생 철학자

오마르의 삶 (구독자 33.3만 명)

이 채널은 말을 조리 있게 잘한다는 게 어떤 것인지 보여준다. 그의 주제는 '여자가 말하는 '얼굴 안 본다'의 진짜 뜻', '성인과 미성년자는 왜 사귀면 안될까?', '거절을 잘 하는 사람들의 특징', '핵노잼인 사람들을 위한 긴급처방 5계명' 등이다. 딱 봐도 예전부터 궁금했으나 막연해서 딱히 규정짓지 않았거나 굳이 그럴 필요가 없어 일상 속에서 넘어갔던 질문들이다. 그가 이런 콘텐츠를 잘 만드는 이유를 두 가지로 정리하면 다음과 같다.

첫 번째, 그루핑을 잘한다. 유형화, 계열화를 잘한다는 의미다. '반드시 피해야 할 친구 그룹 유형'으로 그는 외부인을 까는 것으로 친목을 유지하는 모임, 내부에서 중복연애를 하는 모임을 얘기한다. 이런 식으로 기준을 제시한다.

두 번째, 세분화된 주제를 잘 잡는다. 예를 들어 오마르는 '좋을 것 같지만 실은 별로인'을 덧붙여 이상형의 덕목 3가지를 얘기한다. 이런 색다른 주제에 주옥같은 멘트들이 매력을 더한다. 인생의 다양한 관점과 의견을 얘기해주는 오마르. 그는 요새 편안한 분위기로 자신의 철학을 얘기하는 콘텐츠도 개발했다. 앞으로도 그의 행보가 기대된다.

190

▶ 카테고리 : 음악
▶ 콘텐츠 타입 : 커버

추천 영상

혜은이 - 새벽비
(조회수 2,427,016회, 2019. 1. 28)

나훈아 - 잡초
(조회수 1,491,462회, 최초 공개: 2019. 7. 4)

255번 반복재생을 하게 되는 마법

요요미 (구독자 17만 명)

유튜브에서 커버는 이미 하나의 콘텐츠 포맷이 되었고, 끼를 주체하지 못하는 사람들이 커버를 통해 문화를 향유하고 매력을 표현한다. 그 중에서도 단기간 동안 폭발적인 성장을 바탕으로 이제는 여러 곳에서 섭외를 받는 크리에이터가 있다. 요요미, 많은 이들에게 트로트 요정으로 불리고 있다.

2019년초 요요미는 스스로의 매력을 극대화시킨 포맷을 개발했다. 보다 클로즈업된 얼굴, 반주에 맞춰 가볍게 바운스를 타는 몸짓, 7080 시절의 노래를 기가 막히게 소화하는 뽕삘, 보케로 배경을 시원하게 날려버린 영상미. 이 모든 것들이 시너지를 내며 요요미 채널은 2019년에 폭발적으로 성장했다. 몇 개월 후 유튜브 추천 피드에 그녀의 커버 영상이 올라오면서부터 오프라인에서도 그녀를 찾아주는 스테이지가 늘었다.

요요미의 유튜브 채널 커뮤니티를 들어가 보면 그녀의 행사 스케줄을 확인할 수 있다. 보면 알겠지만 감탄을 금치 못할 수준이다. 유튜브 채널이 재야에 묻힐 수도 있는 원석을 모두의 관심 속에 빛나는 보석으로 만들어낸 건 1년도 채 되지 않았다. 그녀가 우리 앞에서 환하게 노래 부를 수 있어 기쁘다.

192

▶ 카테고리 : 인물
▶ 콘텐츠 타입 : 리뷰

추천 영상

저 화났습니다(부도덕한 유튜브 협찬광고)
(조회수 272,226회, 2017. 9. 2)

당신의 컬러그레이딩이 구린 이유
(조회수 125,026회, 2018. 10. 10)

크리에이터들의 크리에이터
(Creator of Creators)

용호수 스튜디오 (구독자 14.4만 명)

4차 산업혁명 시대에 생겨난 새로운 직업 중 하나가 '크리에이터'였다. 그들 사이에서 자신의 업을 스스로 창시한 크리에이터가 있었으니, "나는 나를 앞으로 Video Artist라 칭한다. 나는 Dragon Lake, 용호수다."

그는 영상 장비와 편집 기술을 주 콘텐츠 소재로 삼는다. 관련 업종 및 IT 제품의 광고도 한다. 그의 콘텐츠 포인트는 '세련된 영상미'와 '소신 있는 발언'이다. 대표적인 소신 발언 콘텐츠로는 '수능이 무가치한 이유'와 '저 화났습니다(부도덕한 유튜브 협찬광고)'가 있다.

타 크리에이터와는 차별화된 영상미, 촬영 구도, 적절한 편집 기술 등이 영상을 계속 보게 만든다. 이를 눈여겨보는 브랜드 마케팅 관계자들이 많은지 브랜드와 협업도 자주 한다.

요새 유튜브 판의 세련된 영상미가 무엇인지 그 대표주자를 보고 싶다면 용호수에 입문하라. 소신 있는 발언이란 어떻게 하는 것인지 레퍼런스를 보고 싶다면 용호수를 봐라. 취향이 명확한 비디오 아티스트 용호수를 통해 유튜브의 바로미터가 잡힐 것이다.

194

▶ 카테고리 : 게임
▶ 콘텐츠 타입 : 스트리밍 편집

➕ 추천 영상

마인크래프트 초대규모 도시 건설 초장기
프로젝트
(조회수 1,003,376회, 2019. 6. 29)

끝말잇기... 그 발언. 순간 정답처리할 뻔
(조회수 1,304,991회, 2018. 4. 28)

10년의 전통을 지닌 스트리머

우왁굳의 게임방송 (구독자 74.8만 명)

전통 있는 게임 유튜버. 우왁굳은 10년차 게임 스트리머이다. 그는 GTA라는 게임을 시작으로 현재는 종합게임방송을 하고 있으며, 특유의 입담과 방송 10년차의 내공으로 시청자들을 여전히 들었다 놨다 한다.

방송 10년차인 만큼 그의 팬층은 상당히 두껍다. 지난 겨울 우왁굳과 FILA가 콜라보하여 우왁굳 패딩 등 다양한 상품을 판매했고, 판매 개시 15분 만에 완판되었다.

그에게서 눈여겨볼 점은 소통이다. 실시간 스트리밍의 특성상 그때그때 시청자와 소통하며 방송을 이끌어나간다. 또한 이 부분은 재밌게 편집되어 스트리밍 방송을 보지 못한 애청자들에게 즐거움을 선사한다. 대부분의 게임콘텐츠는 시청자 참여로 이루어지며 여기서 오는 의외성과 재미는 우왁굳의 채널에 더욱 빠져들게 한다.

팬카페도 있는데 팬카페 '우왁굳끼리'의 멤버는 무려 14만 6,000명에 달한다. 우왁굳 또한 그들과의 소통을 위해 방송 중 항상 카페 게시판에 들러 소통한다. 스트리머의 일방향적인 방송이 아니라 실시간으로 소통하며 방송을 만들어가는 그의 능력은 70만 명이 넘는 구독자를 이끌기에 충분하다.

196

▶ 카테고리 : 금융/재테크용
▶ 콘텐츠 타입 :예능

➕◢ 추천 영상

은행원은 짠돌이?! 은행원의 영수증을
털어보았다
(조회수 36,821회, 2019. 8. 1)

3초만에 딥슬립에 빠지는 마취총 ASMR (feat.
근저당권 설정계약서)
(조회수 32,699회, 2019. 6. 27)

기업들이 고객과 소통하는 방식의 최신판

웃튜브 (구독자 1.03만 명)

딱딱한 이미지의 은행도 이런 채널을 기획할 수 있다. 웃튜브는 우리은행이 운영하는 채널이다. 보통 은행에서 운영하는 채널이라고 하면 TV에서 하는 광고를 그대로 싣거나, 무성의하게 은행의 상품 소개를 올려놓거나 하기 일쑤다. 그런데 웃튜브는 들어가자마자 ASMR이 나온다.

은행원들끼리 술방하며 썰을 푼다. 청약통장 가입하러 은행 갈 때 멋을 뽐뿜할 수 있는 하는 메이크업을 GRWM으로 알려준다.

접근 방식이 좋았던 건 '쇼미더페이' 시리즈였다. 해당 직업 종사자를 데려와 익명으로 진행하는 인터뷰 시리즈인데 실제 페이를 물어보고, 그 연봉을 어떻게 관리하는지를 물어보며 자연스럽게 금융과 연관시키는 인터뷰였다.

다른 재미있는 기획물들도 좋았지만 이렇게 자신의 분야와 자연스럽게 연결되는 인터뷰물이 특히 인상적이다. 앞으로 다른 브랜드에서도 다양한 컨셉의 채널을 만들어갈 것으로 보인다.

198

▶ 카테고리 : 교육
▶ 콘텐츠 타입 : 익스플레인

🎬 추천 영상

유튜브 채널개설 하는 법 ! 개인 브랜드
계정 차이
(조회수 464,840회, 2017. 11. 22)

구독자수 늘리는 법 구독자 0명 걱정하는
당신에게
(조회수 404,051회, 2017. 9. 8)

유튜브의 유튜브 연구소

유튜브랩 (구독자 10.1만 명)

요즘 다양한 곳에서 유튜브에 영상을 올리는 법과 구독자 모으는 방법에 대해 교육을 해준다. 유료로 해주는 곳도 있고, 무료 강연도 찾아볼 수 있다. 하지만 이들 강연에 신청하기 전에 먼저 이 채널의 영상들을 완독하고 가는 것이 슬기로운 방법이다.

'유튜브를 연구하고 공부하며 그 내용을 많은 유튜버 분들과 나누는 채널'이라는 설명처럼 유튜버가 알아야 하는 다양한 정보를 알려준다. 가장 인기를 끈 동영상은 너무 쉽지만 막상 하려면 어려운 '유튜브 채널 개설하는 법'이다. 쉽게는 배경음악 구하기, 스마트폰으로 유튜브 영상 촬영하는 법부터, 비법을 전수해주는 구독자수 올리는 법, 알고리즘 파헤치는 법, 성공한 유튜버들의 공통적인 필수 전략 등등 다양한 콘텐츠를 제작한다.

이 채널을 계속 보고 있다 보면 당장 유튜브를 운영하고 싶다는 욕심이 생길 것이다. 크리에이터가 되고 싶다면 필독.

▶ 카테고리 : 미술
▶ 콘텐츠 타입 : 토크, 인터뷰

📹 추천 영상

매일 술 마시는 아빠를 둔 6살 아이의 그림
(조회수 59,037회, 2019. 7. 1)

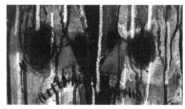

우울한 사람에게 절대 해서는 안될 위로
(조회수 18,399회, 2019. 9. 21)

힘이 들 땐 하늘을 보는 대신 그림을 그려야 합니다

이모르 (구독자 13.5만 명)

우울과 슬픔을 통해 영감을 얻는 미술가. 영감을 주는 미술가. 예전부터 미술쪽에서 나름 유명인으로, 이모랩이라는 커뮤니티 공간을 운영하며 그림쟁이들끼리 모여서 수업이나 프로젝트, 파티 등을 꽤 오랜 기간 진행했었다. 이 채널의 주 콘텐츠는 역시 그림과 함께하는 토크이며 이외에는 퍼포먼스, 스트리밍을 주로 하고 있다.

주목할만한 콘텐츠는 쇼미더 드로잉 콘텐츠인데, 우울 혹은 슬픔을 안고 사는 게스트를 모시고 그림을 그리며 마음을 털어놓는 콘텐츠이다. 유치원생부터 초등학생, 고등학생, 대학생까지 성별, 나이를 불문하고 가슴 속에 아픔이 있다면 초청한다. 많은 얘기를 나눈 후 마지막에 그려진 그림을 보면 정말로 그 사람의 우울이 담겨져 있는 것이늘 놀랍다.

이모르 본인이 실제로 정신병원에 몇 번 입원할 정도로 힘든 시기를 보낸 적이 있기에 이와 관련해서는 그 누구보다 진정성 있게 다가간다. 그림이라는 소재를 통해 이런 콘텐츠를 만들었다는 것은 이모르만의 독창성이 없으면 불가능했을 것이다. 우울함이나 슬픔을 그리면 자유로워진다는 그의 채널에서는 더 이상 우울함이 우울함이 아니다.

202

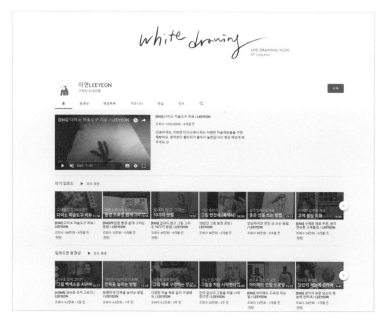

▶ 카테고리 : 미술

▶ 콘텐츠 타입 : 하우투, 익스플레인

📹 추천 영상

복잡한 풍경 쉽게 그리는 방법
(조회수 725,239회. 2019. 5. 12)

만약 당신이 그림을 처음 시작한다면
(조회수 252,317회, 2019. 9. 29)

공대생도 그림을 취미로 갖게 만드는 능력

이연 (구독자 27.8만 명)

이연은 그림을 그리는 크리에이터다. 소재별로 자연스럽게 옷 주름 그리는 방법, 스캔한 듯 깔끔하게 1분 그림 보정하는 법, 겁내지 않고 그리는 10가지 방법 등등 다양한 드로잉 팁들을 알려준다. 나른한 내레이션과 함께 흰 종이에 쓱삭쓱삭 그림을 그리는데 어느새 멀끔한 정장을 입은 남자가 그려져 있다. 이 콘텐츠를 보다보면 자신도 모르게 드로잉북과 펜을 구입할 것이다.

실제로 구독자 중 상당수가 미술에 관심이 있거나, 그림을 배우고 있는 사람들이다. 댓글 반응 중에는 "미술과 전혀 관련이 없는 사람인데 영상을 보고 관심이 생겼다"는 반응이 나타나는데, 이연 크리에이터를 통해 그림을 취미로 시작하는 사람들이 늘어나고 있다는 것을 알 수 있다. 한 사람의 크리에이터가, 한 사람의 능력이 유튜브를 통해 주는 파급력은 생각보다 크다.

이제는 자신만의 독창적인 콘텐츠 소재가 있고, 그것을 활용할 수 있는 능력이 있다면 누구나 재능있는 유튜버가 될 수 있다. 비록 자신의 실력이 '사회'에서 주목받지 못했다고 하더라도 갈고 닦은 자신의 실력을 알아주고, 사랑해주는 사람들이 유튜브 어딘가에는 있기 때문이다. 이런 희망을 가진 많은 사람들이 유튜브에 뛰어들고 있으며 실제로 성공하고 있다.

204

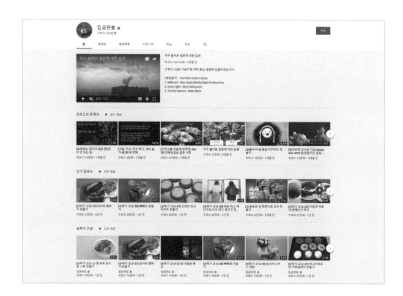

▶ 카테고리 : 일상
▶ 콘텐츠 타입 : 드라마

📹 추천 영상

와사비 햄버거 만들기
(조회수 723,694회, 2017. 7. 27)

연유크림빵
(조회수 158,939회, 2019. 3. 7)

감성 브이로그 크리에이터들의 모델

입금완료 (구독자 18.8만 명)

작은 크리에이티브가 큰 충격을 준다. 가장 충격을 받았던 콘텐츠 중 하나는 '밀착취재 간식은 지금'이다. 한국어로만 음성을 입혔다면 지루했을 영상은 불어, 일본어, 독일어 등 다른 나라의 언어를 통해 우리에게 완전히 새롭게 다가온다. 언어만 바꿨을 뿐인데 영상은 고급스런 해외 다큐멘터리 영상의 느낌이 난다.

이뿐 아니라 그의 글 솜씨를 발휘한 '잡담' 콘텐츠는 평소 우리가 생각해내지 못했던 것들을 감성적으로 전달해준다. 최근에는 여러 가지 사연을 영상과 함께 풀어내는 등 다양한 방법으로 콘텐츠를 만들어내고 있다. 업로드 주기가 일정하지 않은 크리에이터 지만, 오랜 기다림 끝에 경험하는 그의 콘텐츠는 충분히 기다릴 만하다. 입금완료의 댓글공간에는 그의 매력에 입덕 완료된 이들이 줄을 잇고 있다.

▶ 카테고리 : 푸드
▶ 콘텐츠 타입 : 익스플레인

📹 추천 영상

살아있는 오징어의 신경을 찌르면 벌어지는 일
(조회수 3,067,304회, 2019. 8. 7)

킹크랩을 삼겹살 가격에 먹는 방법
(조회수 1,707,413회, 2018. 12. 21)

회를 딱히 좋아하는 건 아닌데,
계속 보게 돼

입질의추억TV (구독자 14.5만 명)

딱히 동물을 좋아하는 편도 아니고 그렇다고 싫어하지도 않지만, 한 번 보면 멈출 수 없었던 어릴 적 프로그램이 있었다. <KBS 동물의 왕국>이다. 회를 좋아하지도 싫어하지도 않지만, 그냥 멍하니 끝.까.지. 보게 되는 마성의 채널이 바로 '입질의추억TV'다.

약간은 어색어색하게 진행하지만 친근 푸근한 주인장이 이상하게 끌린다. 그의 어류에 대한 지식수준은 국내 정상급이라고 말할 수 있을 정도로 호평이 많다. 시청자를 대하는 자세도 '나 전문가요- 에헴!'하는 태도가 아닌 다정다감한 삼촌같다.

그냥 멍하니 틀어 두기 좋다. 하지만 내용은 알짜다. '그냥 이렇게 틀어 놓아도 어디 한 켠에서 지식은 차곡차곡 잘 쌓이더라'는 댓글이 그 방증이다.

회를 좋아하는 사람이라면 필수. 딱히 그런 건 아니라도 볼만한 훌륭한 채널이다.

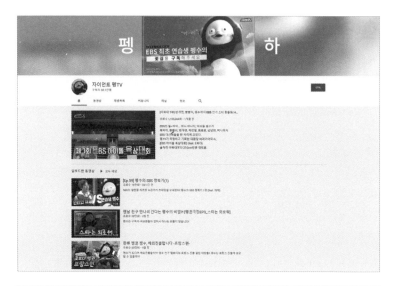

 ▶ 카테고리 : 인물, 동물
▶ 콘텐츠 타입 : 예능

◨◀ 추천 영상

번개맨, 뿡뿡이, 펭수까지 EBS 인기 스타
총출동!
(조회수 1,155,246회, 2019. 9. 19)

우리 펭수가 눈물이 많아졌어요
(조회수 337,139회, 2019. 10. 6)

EBS를 구원하러 온
취준생 펭귄, 펭수

자이언트 펭TV (구독자 102만 명)

EBS를 파괴하러 온 EBS의 구원자 자이언트 펭귄, 펭수. EBS에서 제작한 이 프로그램은 어린이보다 어른들에게 더욱 인기다. EBS 최초 아이돌 연습생인 펭수는 EBS 사장의 이름을 부르는 등 발칙한 느낌으로 색다른 즐거움을 준다.

최근 인기 얻은 콘텐츠는 '이육대'인데 뚝딱이부터 뿡뿡이, 뽀로로와 같은 EBS 캐릭터가 직접 나와 체육대회를 하는 모습을 보여준다. 대선배 뚝딱이는 '틀딱이'로, 사회생활 잘하는 방귀대장 뿡뿡이는 '알랑방귀대장 뿡뿡이'로 이름을 바꾸는 등 컨셉을 잡았다. 어린 시절 EBS에서 보던 바르고 깨끗했던 캐릭터들의 '현대사회화'된 모습은 어른이들에게 큰 재미를 선사해준다. 이 프로그램을 연출한 PD는 "이상적이고 착한 메시지를 일방적으로 주입하는 것만이 교육적이라고 볼 수 없으며, 오히려 초등학생들을 존중하지 않는 태도"라고 말했다.

이런 취지로 만들어진 펭수는 '어른이'들의 스타가 되었고, 이제는 여러 어른들이 본방을 기다린다고 한다. 기존 EBS의 이미지를 탈피한 펭귄, 펭수. 날 수 없는 펭귄이지만, 유튜브에서는 누구보다 멋지게 날아오르는 중이다.

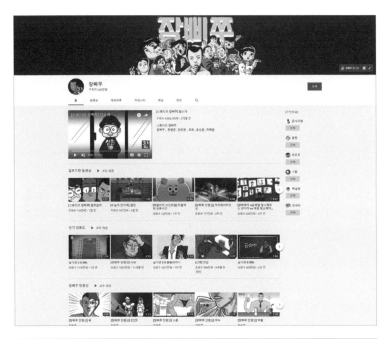

▶ 카테고리 : 엔터테인먼트, 인물
▶ 콘텐츠 타입 : 드라마, 예능

추천 영상

30년 후 블리자드 본사 1
(조회수 1,923,642회, 2016. 6. 18)

[신병] 유격 1
(조회수 3,521,048회, 2019. 9. 19)

병맛 더빙의
선구자이자 지도자

장삐쭈 (구독자 200만 명)

병맛이다. 엄청 병맛이다. 재밌다. 엄청 재밌다. 2019년을 관통하는 키워드 병맛. 장삐쭈는 가히 선구자라 할 수 있다. 현재 직업은 유튜브 크리에이터, 트위치 파트너 스트리머다.

2016년 6월 14일부터 정식으로 영상을 올리기 시작했고, '30년 후 블리자드 본사 1'이라는 영상으로 인기를 얻었다. 오버워치가 출시된 후, 결국 6월 14일에 전국 PC방 게임 점유율 1위인 '리그 오브 레전드'의 점유율을 뛰어넘자 장삐쭈는 이 상황을 패러디한 영상을 업로드했으며, 특유의 병맛성이 많은 사람에게 인기를 얻었다.

주요 콘텐츠는 고전 애니메이션의 기존 소리를 모두 없앤 후, 본인의 목소리와 효과음을 덧입힌 영상이었다. 한 사람이 낸다고 믿기 힘든 다양한 목소리, 기습적인 병맛 드립과 진지한 상황에서 나오는 언어유희, 적절한 영상 각색이 합쳐지고 지직거리는 노이즈와 특유의 고색창연한 영상이 시너지를 이루어 많은 인기를 끌고 있다. 이제는 '스튜디오 장삐쭈'팀을 결성하여 그들만의 오리지널 스토리를 만들어내고 있다.

유튜버에게 있어 '최고의 콘텐츠 제작 환경'은 '자신이 상상하는 무엇이든 만들 수 있는 환경'일 것이다. 장삐쭈의 채널은 이런 환경과 조건을 갖추었다. 그래서 앞으로의 장삐쭈가 더 기대된다.

212

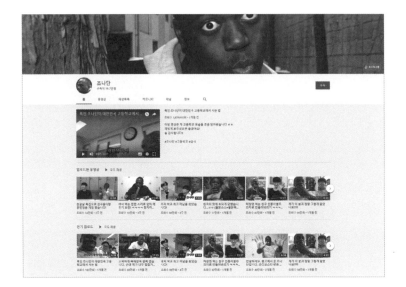

▶ 카테고리 : 인물
▶ 콘텐츠 타입 : 브이로그

📹 추천 영상

한국의 맛에 호되게 당했습니다...ㅠㅠ
(조회수 170,717회, 019. 9. 26)

흑인 조나단이 대한민국 고등학교에서 사는 법
(조회수 1,839,727회, 2019. 9. 12)

한국인 같은 외국인,
외국인 같은 한국인

조나단 (구독자 19.7만 명)

한국인 같은 외국인 유튜버(?). 조나단은 TV를 통해 유명해졌고 유튜브 채널을 개설하면서 그 인기를 이어가고 있다. 과거 인간극장에 콩고왕자 가족으로 출연하였고 외국인 외모를 하고서도 유창한 한국말을 하여 많은 관심을 받았다.

그 중 가장 인기를 얻은 클립은 조나단이 여동생인 패트리샤와 투닥거리는 영상이다. 완전 유창한 한국말로 여동생을 대하는 모습을 보면 한국인 남매가 싸우는 모습과 똑같아서 절로 웃음이 나온다. 어느새 고등학생이 된 조나단은 친구들과 어울리며 노는 영상이 주로 올라온다. 조나단의 해맑은 웃음을 보면 보는 사람도 괜시리 웃음이 나고 힐링이 된다.

조나단과 비슷한 사례로 샘 해밍턴, 샘 오취리, 모델 한현민 군이 있으며, 유튜브에서는 가브리엘, 소련여자 크리스와 같은 새로운 캐릭터들이 자리를 잡고 있다. 영상의 자막은 인간극장의 자막스타일과 비슷하게 넣었는데 이 점도 이용자들에게 호응 포인트다. 모쪼록 그가 성인이 되어서도 한국 생활에 잘 적응하기를 바라며 유튜브 방송이 그런 그를 응원해주기를 바란다.

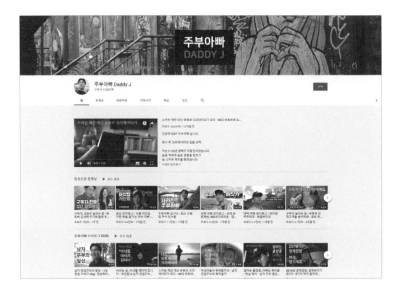

▶ 카테고리 : 일상, 교육

▶ 콘텐츠 타입 : 인터뷰 , 브이로그

🎥 추천 영상

2019년 경제전망, 경제위기가 온다? -
5가지 하지 말아야 할 것
(조회수 1,884,655회, 2019. 1. 1)

스카웃 제안 대신 유튜브 크리에이터가 되다 -
40대 유튜버에 도전하라
(조회수 90,080회, 2018. 12. 5)

IT 업계 직원이었던 아빠의 주부 유튜버 도전기

주부아빠 (구독자 7.55만 명)

IT업계에서 20년간 일했던 두 아이의 아빠가 전업주부가 된 이야기를 다루는 채널. 굉장히 친근하고 푸근한 느낌이 난다. 나름 팬층도 두껍다. IT업계에 있었던 지식으로 유튜브 알고리즘을 분석한 콘텐츠가 인기 있었다. 구독자 늘리는 법, 수익공개, 일상 브이로그(V-log) 등을 주 콘텐츠로 찍고 있다.

3개월가량 영상이 안 올라왔는데, 그에 대한 해명(?)영상을 올린 적도 있다. 두 딸을 키우는 주부로서, 7만 구독자의 유튜버로서 힘들었던 점이 있었던 것 같고 조금 천천히 업로드하며 호흡조절을 하는 듯하다.

이 채널을 추천하는 이유는 유튜브 1인 1채널에 접어드는 현재 시점에서, 개인으로서 유튜버를 한다는 것도 만만치 않은 일인데 방송업을 해보지 않은 사람이 두 아이를 돌보며 콘텐츠를 만들어가는 대단함 때문이다.

실제로 아이를 키우면서 유튜브에 도전하는 부모들이 많이 있다. 그런 상황에서 처음 유튜브를 시작하는 사람들에게 도움이 될 정보도 많고, 주부 유튜버로서 성공한 사례로 꼽을 수 있겠다.

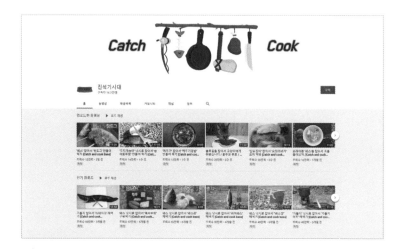

▶ 카테고리 : 푸드
▶ 콘텐츠 타입 : 예능

🎥 추천 영상

'배스' 잡아서 '뿌링클배스' 요리 먹방
(조회수 321,178회, 2019. 8. 24)

'쭈꾸미' 잡아서 가장 맛있게 즐기는 법
(조회수 199,801회, 2019. 9. 16)

배스와의 전쟁,
배스로 다 만들어 먹는다!

진석기시대 (구독자 14.2만 명)

"아마 비둘기도 몸에 좋다고 하면 남아나지 않을 거야." 캐치앤 쿡 크리에이터 진석기시대 채널에는 생태계 교란종인 배스를 재료로 사용한 요리가 많다. 배스즙, 뿌링클배스, 맨보배스, 배스소시지 등등.

요리솜씨도 남다르다. 그가 하는 요리는 대부분 '매우' 맛있어 보인다. 누가 볼까 싶지만 배스 콘텐츠의 평균 조회수는 20만 회 이상이다.

최근에는 배스를 벗어나 다른 '정상적인' 재료를 사냥해 요리하고 있다. 진석기시대의 채널에서는 오히려 평범한 재료가 특별하다. 맛없을 것 같은 재료의 맛있는 음식화. 그 맛의 궁금함. 이것이 구독자의 클릭을 유도하는 것 같다.

현재 시점에서의 캐치앤쿡(Catch & Cook) 스타일 콘텐츠는 '하나의 특별한 재료 + 수천 가지 요리법 = 수많은 콘텐츠의 생산'이라는 공식을 잘 이용한 케이스라고 생각된다. 앞으로 이런 실험적 콘텐츠의 발전가능성은 무궁무진할 것으로 보인다.

▶ 카테고리 : 엔터테인먼트

▶ 콘텐츠 타입 : 예능

▣ 추천 영상

유튜브 빵구가능?? 무삭제, 무청결, 무괄약
레이캬비크 탐험기! (조회수 1,465,687회,
최초 공개: 2019. 10. 11)

아시아나에서 코스요리를 먹어보았습니다.
기내식 세끼
(조회수 2,994,896회, 2019. 9. 27)

나영석 PD가 직접 진행하는 유튜브 방송이라니!

채널 십오야 (구독자 120만 명)

초고를 쓸 때까지만 해도 '채널 나나나'였다. 그새 '채널 십오야'로 바뀌었다. 나영석 PD의 새로운 도전. '아이슬란드 간 세끼'의 경우 파격적인 공중파 방송 5분 편성, 유튜브에서는 전체분량이 공개된다. 오히려 방송이 예고편의 역할을 하고, 전편을 유튜브에서 보게 되는 역배치가 일어났다. 또한 심의가 자유로운 유튜브에서는 PPL도 노골적으로 공개적으로 이루어지는데, 의외의 재미를 선사한다.

새롭게 올라온 콘텐츠는 '초보 유튜버 나 PD의 입조심 라이브'로 나 PD가 직접 영상에 나와 라이브를 하는 방송이다. 얼마 전에는 <히말라야 간 세끼>(?)를 작당하는 라이브가 올라왔으며, 현재는 11월 22일까지 입조심 기간이라는 설명문이 걸려있다.

앞으로는 다양한 창작자들의 달나라 가는 꿈 같은 콘텐츠들이 업로드 될 예정이라는데, 김태호 PD와는 또다른 기대감이 가득하다. TV환경에서 시도할 수 없었던 것들을 과감히 시도하며 유튜브와 TV의 경계를 허문 시초로 기록될 듯하다.

220

▶ 카테고리 : 엔터테인먼트, 인물

▶ 콘텐츠 타입 : 드라마, 예능

📹 추천 영상

공포의 수능 괴담
(조회수 5,169,610회, 2018. 11. 14)

백종원의 골목식당 포방터시장
돈까스집 & 홍탁집 패러디 MV
(조회수 1,847,400회, 2018. 12. 5)

이 채널 모르면 인싸들과
대화하기 불가

총몇명 (구독자 210만 명)

이미 유명한 만화작가. 초기에는 다양한 드라마, 영화의 명장면을 본인의 색으로 녹여
내 패러디 했다. 상당한 인기를 얻어 지속적으로 해당 콘텐츠를 연재했고 현재는 '총몇
명 스토리'라는 콘텐츠를 통해 구독자 사연을 그림으로 그리고 더빙한 콘텐츠를 주로
만들고 있다.

총몇명 스토리 내의 캐릭터들도 많은 사랑을 받고 있는데, 나천재라는 캐릭터가 가장
큰 인기를 끌고 있다. 말끝마다 영어를 섞어 쓰는 특유의 말투는 이젠 유행어가 되었
다. 총몇명을 보는 사람들은 이제 '오마이갓' 대신 '오마이 갓김치'를 외치게 되었으니
말이다. 이런 독자적인 콘텐츠를 통해 콘텐츠마다 최소 100만 뷰 이상을 뽑아내고 있
다.

B급 갬성의 선두주자. 총몇명 스타일의 콘텐츠는 앞으로 없을 것이라 예상할 만큼 오
리지널리티가 뛰어나다.

▶ 카테고리 : 인물, 게임
▶ 콘텐츠 타입 : 스트리밍 편집

📹 **추천 영상**

추억의 아기배틀 오락실 게임
(조회수 149,720회, 2019. 10. 2)

내가 말이 된다 (미친 말 게임)
(조회수 116,036회, 2019. 8. 26)

왜 보는지 모르겠는데
이미 보고 있어

침착맨 (구독자 56만 명)

자신을 게임 스트리머라고 소개하는 웹툰작가 이말년. 이미 게임계에서는 유명한 '침착맨'. 초창기 하스스톤 게임 방송을 하던 시절, "운빨이 난무하는 하스스톤, 조금 더 침착한 자가 승리한다"라는 뜻으로 침착맨이란 닉네임을 사용했다고 한다.

특유의 힘 빠지고 보는 사람까지 무기력해지는 그의 제스쳐와 행동, 그리고 진짜 1도 맛없게 먹는 먹방, 대체 왜 보는지 모르겠지만 중독성이 있어 영상을 끌 수 없다.

이제는 웹툰작가 이말년보다 게임 스트리머 이말년이 더 잘 어울리는 듯하다. 최근에는 주로 '주펄'(<신과함께> 웹툰작가 주호민)과 함께 방송을 하는데, 이 둘의 케미가 아주 좋다. 딩고 프리스타일 채널과 콜라보하여 프리스타일 랩을 한 영상도 있는데, 짧은 시간내 200만 조회수를 훌쩍 넘는 등 많은 사랑을 받은 바 있다. 그의 침착함은 게임 스트리머, 웹툰작가, 유튜버까지 아우르고 있다.

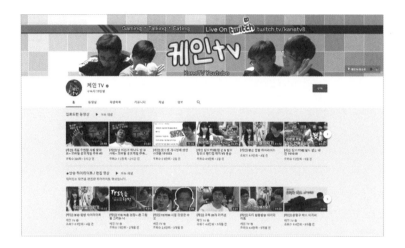

▶ 카테고리 : 게임
▶ 콘텐츠 타입 : 스트리밍 편집

🎥 추천 영상

케인 VS 95온라인최강자 노인
(조회수 1,656,759회, 2015. 10. 12)

테리 무한은 세번까지만이야
(조회수 1,379,383회, 2018. 5. 17)

땡깡도 개성

케인 TV (구독자 15만 명)

돈이 많아 그 무엇이든 할 수 있는 대기업의 유튜브 채널들. 하지만 그들이 1인 크리에이터 한 명보다 더 많은 구독자 수를 보유하고 조회수를 기록하는 경우는 아직까지 많지 않다. 인물 중심, 캐릭터 중심인 유튜브에서 범접할 수 없는 캐릭터로 장기간 지속적으로 팬덤을 유지하며 게임 방송을 하는 크리에이터가 있다.

크리에이터명 케인, 방송 경력 어언 7년차. 주 게임은 <킹.오.브.파이터>. 30대 남성 가운데 <킹.오.브.파이터> 모르는 사람 없을 정도로 유명 게임이다. 한때 문방구 앞 100원짜리 오락기에 앉아 한 나절을 친구들과 해도 질리지 않던 추억의 대전격투게임이다. 이걸 방송의 주 아이템 삼아 케인은 온라인으로 유저들과 <킹.오.브.파이터> 시리즈를 즐긴다.

케인은 범접할 수 없는 캐릭터를 갖고 있다. 그의 매력은 '찌질함'이다. 외형적으로도 마르고 서생같은 모습에다 엥엥거리는 모기같은 목소리로 때로는 투덜대고 때로는 앙앙대며 게임을 즐긴다

이 찌질함에서 나오는 설레발이 재미의 압권인데, 이길 것 같다 이길 것 같다 하며 마지막에 지게 되고 망연자실하는 그의 모습이란!

226

▶ 카테고리 : 엔터테인먼트
▶ 콘텐츠 타입 : 드라마

➕ 추천 영상

처음 본 남자랑 일주일만 연애를?
(조회수 1,060,628회, 2019. 10. 8)

너냐, 내 여자친구가?
(조회수 5,795,592회, 2019. 7. 30)

웹드 시조새

콕TV (구독자 126만 명)

콕TV는 자신 있게 말한다. "국내에서 시즌 제 웹 드라마(IP)를 가장 많이 히트시켰습니다."

웹 드라마 라는 개념이 생겨나기 시작할 때, 콕TV는 초창기 웹 드라마를 유행시킨 주역이다. 평균 약 1천만 뷰 이상의 '온라인 성적'과 '높은 화제성'으로 TV까지 편성된 인기 웹 드라마를 개발했다.

웹 드라마를 제작하는 콕TV, 웹예능을 만드는 킥TV는 유튜브, 페이스북, 네이버 V앱 중심으로 운영하고 있다.

대표적인 콘텐츠로는 '전지적 짝사랑 시점' 이 있다. 누구나 해봤을 짝사랑의 아픔을 제대로 녹여낸 드라마다. 4분 분량이며, 주고 받는 대사보다는 배우들의 마음의 소리를 내레이션으로 나타낸 방식이 짝사랑하며 고민하는 1020세대를 잘 표현했다. 특히 진한 여운을 주는 에필로그가 관건이다. 본 내용보다 에필로그를 더 기다리기도 한다.

유튜브 콘텐츠의 주 소비층이 1020세대이기에 주로 드라마의 배경이 학교였는데, 회사에서의 로맨스를 다룬 웹 드라마도 제작해 콘텐츠 소비층을 30대까지 확장시켰다. 콕TV가 더 새로운 콘텐츠로 전 세대를 아우르는 드라마를 만드는 날이 오기를 바란다.

228

▶ 카테고리 : 게임
▶ 콘텐츠 타입 : 스트리밍 편집

추천 영상

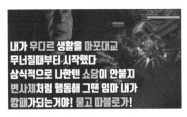

달건아, 내가 우디르 생활을 마포대교
무너질 때부터 시작했다. 민교랑 묻고 따블로 가!
(조회수 135,764회, 2019. 9. 24)

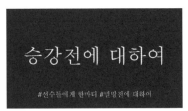

승강전에 대하여
(조회수 96,587회, 2019. 9. 12)

분명 전직 프로게이머였는데,
프로 방송인이 되어버렸어

클템 유튜브 (구독자 34.6만 명)

전직 LOL 프로게이머이자 현 LOL(League of Legend) 리그 해설자. 현직 해설자를 맡고 있는 만큼 그의 입담 또한 훌륭하다. 기본적으로 게임 플레이 영상, 경기 후일담 등의 콘텐츠를 제작한다. 편집자와의 케미가 이 채널의 성공요인이라고 할 수 있다.

클템의 편집자가 클템 안티팬이라는 설이 돌 정도로 클템의 영상을 창의적이며 유머스럽게 편집한다. (분명히 디스인데, 웃기다. 매우) 특히 클템이 방송 도중 한 리액션을 편집하여 짤방으로 사용하는데 이 부분이 가장 재밌다.

게임 속에서 실수했을 때 마치 클템을 놀리는 듯한 편집으로 재미를 준다. 클템 입장에서는 수치심을 느낄 수 있지만 뭐 어떤가, 시청자들이 이리도 좋아하는데. 크리에이터와 편집자가 아주 잘 어울린 케이스.

카리스마 넘치던 프로게이머 시절의 전성기를 지나, 이제는 인터넷 환경과 방송 환경을 종횡무진 넘나들며 제 2의 전성기를 써내려가고 있다.

▶ 카테고리 : 이슈/정보/뉴스
▶ 콘텐츠 타입 : 익스플레인

■◀ 추천 영상

나는 부족한 걸까? 한 중학생의 질문에,
모두 할 말 잃어
(조회수 3,061,362회, 2018. 8. 10)

노숙자가 내뱉는 이 세상의 진실
(조회수 868,480회, 2019. 5. 23)

내 주변 세상에 지칠 때,
제목만 봐도 짜릿한
바다 건너 이야기들

포크포크 (구독자 52.5만 명)

"왜 나는 부족한 걸까?"

누구나 살면서 수십 수천 번을 해봤을 생각이지만, 막상 답을 찾기 힘든 어려운 질문이다. 한 중학생이 등장해 말을 하기 시작한다. 첫째, 샤워를 하란다. 냄새가 나고 싶지 않다면. 둘째, 최신 유행에 맞는 옷을 사 입으란다. 덜 조롱거리가 될 거라면서.

왜 나는 부족한 걸까, 결국은 남과 비교하며 남만큼이라도 따라가려다 그 누구도 되지 못하고 나도 되지 못한 나를 진심으로 공감하고 위로하고 이 사회가 틀렸음을 그녀는 말한다.

포크포크는 해외의 다양한 소식들을 한국어 자막을 통해 위와 같은 '스토리텔링 영상'으로 제작하는 채널이다. 구독자 수에 비해 압도적으로 조회수가 높은 영상들이 눈에 보인다. 긴장감 넘치는 해외의 범죄 체포 영상도 보이고, 차 지붕에 얼어붙은 새를 구조해주자 보이는 반응들도 영상에 담긴다.

삶 속에서 풀리지 않고 있는 질문을 계속 가슴에 안고 있을 때면, 지금의 내 삶보다 한 단계 나은 삶을 살고 싶다면 이 채널의 재생 목록을 둘러보는 것을 권한다.

232

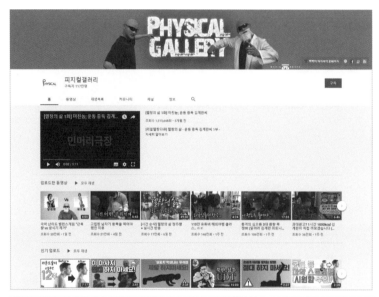

▶ 카테고리 : 건강/운동
▶ 콘텐츠 타입 :예능

🎥 추천 영상

[헬창의 삶 1화] 미친놈; 운동 중독 김계란씨
(조회수 1,377,596회, 2019. 6. 9)

제발 하지 마세요! 어깨 망치는 최악의 마사지
(조회수 2,610,619회, 2018. 12. 4)

근손실, BTS… 모른다고?
이 영상부터 시작!

피지컬갤러리 (구독자 117만 명)

2019년 최고의 유행어가 뭔지 아는가? '근손실'이다. 트렌드를 따라가지 못해서 눈물이 나는가? 그러지 마라, 근손실 온다. BTS가 방탄소년단이라고? 아니… 아니야. B-벤치프레스, T-티바로우, S-스쿼트 란 말이다.

2018년 최대의 유행어 '소확행'은 그럼 무슨 뜻이냐고? 소근육도 확실하게 행잉레그레이즈.

그렇다. 보물 같은 계란이 형의 드립력으로 우리는 새로운 헬갤러의 경지를 알게 되었다. 피지컬갤러리를 소개한다. 굴곡 없이 원만한 빡빡이 머리에 흰 수염을 곱게 기른 김계란 형을 유튜브에서 보았을 것이다.

그의 콘텐츠는 늘 이런 드립으로 가득하다. 헬스와 건강에 대한 콘텐츠로 시작을 했으나 이제는 거기에 약을 한 사발 들이부어 기괴한 헬스 콘텐츠들을 공장 찍어내듯이 만들고 있다. 그중 '헬창의 삶' 시리즈는 단연 압권이다. 헬스에 미친 한 남자의 삶을 다룬 페이크 다큐멘터리인데 어디서 안 웃어야 할지를 가늠하지 못할 것이다. 처음부터 끝까지 웃으며 마무리될 테니까.

234

▶ 카테고리 : 인물
▶ 콘텐츠 타입 : 토크, 인터뷰

■ 추천 영상

하개월의 시작
(조회수 38,631회, 2018. 1. 7)

'여자친구' 콘서트에 수어통역사가 세워진
이유는
(조회수 2,159회, 최초 공개: 2019. 10. 10)

농인의 얘기를 전하는 농인유튜버

하개월 (구독자 1.07만 명)

하개월 유튜버 덕분에 '구화'라는 것을 처음 알게 됐다. 모든 청각장애인은 당연히 수화만 할 줄 알고, 말을 못한다고 생각해왔다. 이렇게 농인에 대한 제대로 된 인식이 없는 필자 같은 사람을 위한 유튜브 인걸까?

영상을 보면 농인에 대해 전혀 몰랐던 사실들을 알게 되고 잘못 알고 있었던 인식도 바뀌게 된다. 특히 하개월 만의 유쾌하고 발랄한 진행은 부족한 오디오를 채워주며 재미를 더한다. 농인 친구들과의 브이로그(V-log), 수어, 장애인식 개선 등의 콘텐츠를 업로드 중이며, 장애인에 대한 편견을 해소하기 위해 노력중이다.

'여자친구 콘서트에 수어통역사가 세워진 이유는?'이라는 콘텐츠는 걸그룹 '여자친구'의 팬인 한 농인이 팬미팅과 콘서트를 갔는데, 수어통역사가 없어서 2시간 동안 너무 답답했고 다음부터는 수어통역을 요청했다는 영상이다. 비장애인들은 너무도 당연한 일들이지만, 청각장애인들에게는 그렇지 않을 수 있다. '굳이 그렇게까지?' 라고 생각될 법한 배려를 당연하게 하는 것이 진짜 사회다운 사회라고 할 수 있을 것이다. 하개월은 오늘도 열심히 농인들의 이야기를 전한다.

236

▶ 카테고리 : 법률
▶ 콘텐츠 타입 : 익스플레인

➕ 추천 영상

앞차 운전자는 뒤차 100%라고 주장한다네요
(조회수 1,933,588회, 2019. 5. 2)

엄청난 과속은 모두에게 참혹한 비극이 될 수
있습니다
(조회수 2,010,777회, 2019. 7. 7)

과실비율 몇대~~몇!

한문철TV (구독자 33만 명)

"과실비율~~ 몇대 몇!" 교통사고 전문 한문철 변호사의 유튜브 채널이다. 사고사례별로 과실비율을 판단하는 콘텐츠를 꾸준히 제작 중인데, 2019년 하반기 현재 하루 평균 10편씩 업로드가 될 정도로 활발하다. 실로 어마어마한 양이라고 할 수 있다.

블랙박스영상을 통해 현장감을 살린 콘텐츠가 나온다. 운전이 일상인 상황에서 교통사고는 누구나 충분히 경험할 수 있는 일이기에 감정이입도, 공감도 매우 쉽다는 점도 매력 포인트다. 교통사고로 법률적인 조언을 구하고 싶다면 많은 도움이 될 채널이다.

뒷목 잡히는 드라마보다 더 다이나믹한 현실은 덤이다.

▶ 카테고리 : 인물
▶ 콘텐츠 타입 : 브이로그

🎥 추천 영상

이쁜이들을 위한 짜장면 먹방!
(조회수 1,049,798회, 2019. 10. 4)

도전에 대한 마음가짐
(조회수 687,420회, 2019. 9. 18)

막 그렇게 심오하진 않아.
나이도 예쁘게 들어가고 싶어

한예슬is (구독자 51.8만 명)

이름에도 나와 있듯 한예슬의 개인유튜브 채널이다. 이제 마흔에 접어든다는 게 믿기지 않을 만큼 엄청난 외모를 뽐내며 유튜브 생태계를 뒤흔들고 있다. 주로 브이로그(V-log)의 형식이며, 메이크업, 여행준비영상 등 사소한 일상의 모습을 담고 있다.

채널의 매력 포인트는 한예슬 특유의 하이톤의 웃음소리이다. 이 웃음소리를 들으면 듣는 사람까지 텐션이 업된다.

우리가 연예인의 브이로그를 보는 이유는 무엇일까. 카메라 뒤편에서의 연예인은 어떤 모습으로 어떤 일상을 사는가에 대한 궁금증 때문이 아닐까? 그녀의 영상은 이런 궁금증을 해소해준다. 짜장면 먹방, 여행 짐 싸기, 운동영상 등등. 자신이 들고 찍는 완전한 브이로그는 아니지만, 영상속의 한예슬은 꾸밈없는 모습으로 우리를 맞이해준다.

30대의 마지막을 즐기고픈 그녀의 모습은 많은 사람들에게 아직 늦지 않았다는 용기를 준다. 철없어 보일지라도 인생을 즐기겠다는 그녀의 모습은 그 누구보다 멋지다.

240

▶ 카테고리 : 게임
▶ 콘텐츠 타입 : 스트리밍 편집

🎦 추천 영상

2014 대망의 연기대상은? 트린다미어 씨
축하합니다!
(조회수 735,239회, 2014. 10. 21)

신비한 동물파전 - 해물파전의 긍정롤세상
(조회수 485,350회, 2017. 1. 4)

목소리에 흠칫, 태도에 감탄, 긍정에 까무러침

해물파전TV (구독자 40.5만 명)

"응, 괜찮다! 심리적인 타격을 주었다", "님아..!! 님아!!! 님아…", "나이스 빠셍"

이 정도면 겜방계의 고인물들은 어느 정도 느낌이 온다. 긍정 게임 영상의 대표 격이라 할 수 있는 해물파전TV다. 구독자 40만, 방송을 한 지도 꽤나 오래된, 자칭 게임을 못하는 게이머 중에서는 제일 잘하는 게이머 해물파전TV.

하이톤의 목소리로 귀에 쏙쏙 박히고, 누구나 들어도 이해될 만한 특유의 드립이 재미있다. 주 콘텐츠는 LOL 방송. 한 캐릭터를 고정으로 하는 것이 아닌 피즈, 트위스티드 페이트 등 본인이 잘하는 챔피언을 넘어 시청자들에게 다양한 챔피언을 플레이하는 모습을 보여주려고 한다.

특히 주목할 부분은 해물파전의 '긍정 멘탈'이다. 본인의 콘텐츠 타이틀이 한때 '긍정 롤(LOL) 세상'이었을 정도로 욕설을 하지 않고 짜증을 내지 않으며 유쾌한 하이 텐션으로 게임을 즐기는 모습을 보인다. 단, 전투가 휘몰아 칠 때 다소 유쾌하게 '격앙'된 모습을 보이기는 한다. 이 또한 시청 포인트다.

242

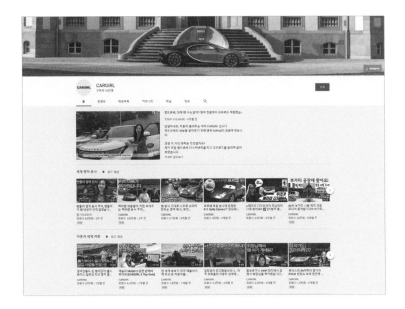

▶ 카테고리 : 자동차, 인물
▶ 콘텐츠 타입 : 리뷰, 익스플레인

➕◢ 추천 영상

롤스로이스 컬리넌 타고 장 보러 왔어요
(조회수 122,990회, 2019. 10. 14)

저 영국 억만장자 귀족 파티에 초대받았어요
(조회수 337,645회, 2019. 7. 17)

네, 여기부터는
다른 세상 얘기입니다 ^^

CARGIRL (구독자 10만 명)

'삼성 이재용 회장이 유튜브를 한다면?' 과거에 이런 짤방이 유행했던 때가 있었다. 그래서 든 생각, 소위 말하는 '상류층'이 유튜브를 한다면 어떤 콘텐츠들을 만들까? '그래봤자 똑같은 인간인데, 사는 세상이 뭐가 다르겠어~' 라는 생각은 'CARGIRL(카걸)'을 보고 바뀌게 되었다. 저런 세상은 영화속에서만 있다고 생각했는데, 실제로 존재했다. 그녀가 초대받은 영국 듀크공작의 파티 모습은 정말 영화 속 한 장면 같았다. 본인도 인생을 통틀어 최고의 경험이라고 말했고, 그 경험을 많은 사람들과 공유하고 싶었다고 한다. 이뿐 아니라 각종 VVIP 행사에 초대되어 그 경험을 공유하고 있다. 사실 카걸은 정말 차를 좋아해서 유튜브를 하고 있다.

멕라렌 본사투어, 페라리 공장 다녀오기, 벤틀리 영국본사 투어, 전 세계 돌아다니며 슈퍼카 쇼핑하기 등등 국내의 일반적인 카 리뷰와는 정말 스케일이 다른 카 리뷰를 하고 있다. 그럼에도 자랑하는 느낌은 들지 않는다는 것이 이 채널의 큰 매력이다. 다른 것들은 모두 떠나서 그녀가 자동차를 사랑하는 마음만큼은 진짜인 것 같다.

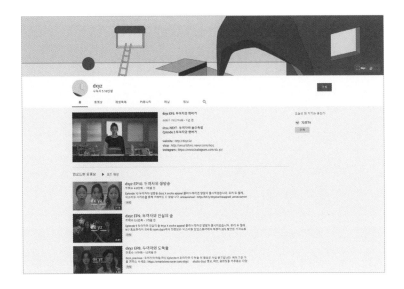

▶ 카테고리 : 엔터테인먼트
▶ 콘텐츠 타입 : 드라마

▣ 추천 영상

두여자와 햄버거
(조회수 722,808회, 2018. 2. 5)

두여자와 음주측정
(조회수 586,364회, 2018. 2. 20)

두 여자가 휘두르는 리듬, 유머, 크리에이티브, 그 삼박자의 어울림

dxyz (구독자 5.16만 명)

새로운 포맷을 개발하는 건 어렵다. 그 포맷을 보는 이들에게 각인시키는 건 더욱 어려운 일이다. 72초TV는 그 어려운 일을 해낸 셈이다.

채널 dxyz 의 '두여자' 시리즈는 다른 크리에이터의 채널처럼 콘텐츠가 자주 올라오지는 않는다. 업로드 주기가 일정하지 않지만 구독자들은 불평하지 않는다. 기다린 만큼 항상 만족스러운, 아니 그 이상의 콘텐츠 퀄리티를 보여주기 때문이다.

중독적인 사운드와 긴장감을 놓을 수 없는 전개, 영상의 배경, 색감, 촬영 구도의 조화도 영상의 큰 매력이다. 기획부터 제작까지 어느 부분 하나 놓치지 않고 만들었다. 이런 노력을 보여주듯, 완성된 콘텐츠는 한껏 매력을 뽐내며 구독자들에게 사랑받고 있다.

그리고 또 하나 눈에 띄는 것은 배우들의 연기력. 무덤덤한 것 같지만 툭툭 치고 나오는 유머까지 모든 것이 우아하다. 그래, '두여자'를 가장 잘 표현하는 단어는 '우아함'일 것이다.

▶ 카테고리 : IT
▶ 콘텐츠 타입 : 인터뷰

📹 추천 영상

열정에 기름붓기 100만 구독 콘텐츠 제작
노하우 대공개
(조회수 5,986회, 2019. 3. 18)

실리콘밸리에 다녀왔어요!
(조회수 54,578회, 2017. 9. 14)

스타트업 덕후가 스타트업 미디어를 만들었으니, 이게 바로 덕업일치

EO (구독자 9.95만 명)

'경계를 허물었다'가 맞는 말이겠다. 스타트업은 하는 거다. 즉, 기업으로서 비즈니스를 하는 거지 제 3자의 시선에서 구경하는 게 아니란 거다. 그는 2017년 실리콘 밸리로 넘어가 그 곳에서 일하는 한국인들을 찍어 유튜브에 올리기 시작하더니, 다시 한국으로 돌아와 창업을 해 성공 신화를 일궈나가는 사람들을 찍어 올리기 시작한다.

1인 미디어 ㅌ ㅇ('태용'의 약자)이었던 그는, 어느새 콘텐츠 스타트업 EO(Entrepreneurship & Opportunities)의 대표가 되었다. 콘텐츠를 만들고 싶은, 만들 생각을 하고 있는 사람이라면 이중 '열정에 기름붓기' 영상을 보라. 페이스북에서 트래픽 누적 10위라는 어마어마한 기록을 달성한 표시형 대표의 콘텐츠에 대한 철학을 들을 수 있다.

또한 대충 인터뷰 내용이 다 비슷하지 하는 생각을, 적어도 이 채널에서는 하지 마라. 한 편 한 편 찬찬히 뜯어보면 성공 스토리를 써 내려간 주인공들의 공통 요소들을 발견할 수 있다. 거기서 무언가를 느꼈는가 그리고 어떻게 실행해 나가고 있는가, 그래서 당신은 어디쯤 걸어가고 있는가. 그건 이제부터 EO 채널을 본 당신의 몫이다.

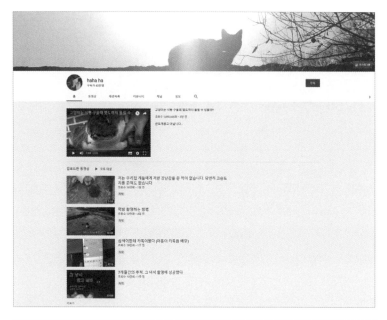

 ▶ 카테고리 : 동물
▶ 콘텐츠 타입 : 브이로그

🎥 추천 영상

고양이의 병어 회 먹방, 오늘도 삼색냥이
덕에 먹방성공
(조회수 711,393회, 2018. 4. 5)

캣타워를 사볼까 하다가 만들어봤습니다
(조회수 542,937회, 2018. 11. 23)

금손 시골 청년의
반 강제 집사생활

haha ha (구독자 43만 명)

이 채널의 구독 이유를 정리하면 (1) 강아지 & 고양이, (2) 필요한 모든 것을 뚝딱 하고 만듦, (3) 운영자 만의 특유 젊은아재(?) 감성과 센스라고 할 수 있다.

잉어 양식장을 운영 중인 시골 청년이 동네 길냥이들을 돌보는 브이로그다. 고양이가 잉어를 잡아먹는 게 싫어 밥을 주다가 온동네 고양이들의 밥을 책임지게 된 '어쩌다 집사'. 고양이한테 관심 없다면서 열심히 돌보는 모습이 매력 포인트다. 하지만 절대로 운영자의 얼굴과 목소리를 공개하지 않는다.

초반엔 편집이 투박했지만 편집 실력과 장비가 점점 발전 중이다. 고양이와 더불어 천하태평(강아지 이름) 가족과 새끼 강아지들의 모습도 꿀잼이다. 자극적이고 부담스러운 영상에 지친다면 시골+강아지, 고양이의 조합으로 힐링을 해보는 건 어떨까?

250

▶ 카테고리 : 인물
▶ 콘텐츠 타입 : 예능

➕ 추천 영상

본격 LG 빡치게 하는 노래
(조회수 2,910,315회, 2018. 4. 19)

샤워하다가 빡쳐서 노래를 만들어버렸다!
(조회수 2,135,014회, 2016. 12. 4)

B급 병맛 광고 제작의 정석

HOZZAA2 (구독자 43만 명)

반도의 흔한 애견샵 알바생으로 알려진 유튜버. 알바를 하고 있지만 부업도 하고 있다는 말을 했다. 그럼 투잡인가, 투알바인가. 그녀의 광고 영상을 보았다. 흰 바탕에 마치 새끼발가락으로 그린 것만 같은 동물 두 개체가 등장할 때부터 알아차렸어야 했다. 이것은 그냥 광고가 아니다.

두둥탁 둥탁 둥탁 스무스하게 깔리는 비트 속에서 친구와 별밤에 들어가기 위해 흔들어 제끼는 동물들이 눈에 보인다. 토요일 밤 급작스럽게 들어 온 세제 광고 의뢰에 빡이 쳐서 집에 왔다는 그녀.

"돈만 주면 내가 다 하는 줄 아나… 돈만 주면 내가 다한다!!!!!!!!!!! 맞다 돈만 주면 다 할 수 있다. 잘 찾아 오셨어요 ^ㅗ^ 광고주는 적어도 컨펌만은 한다고 했어야 했지, 왜냐면 그녀가 이렇게 만들 줄은 상상도 못했을테니까."

그 상상도 못한 광고의 내용을 보며 많은 사람들이 그녀의 엄청난 매력을 알아버렸고. 수백 만 번이 재생되었다. 일상의 다양한 콘텐츠를 병맛 코드로 풀어내는 그녀의 영상을 보고 있으면 그 아이디어에 박수가 절로 나온다. 자신의 표정, 만화 캐릭터들의 다양한 표정들이 압권이다.

252

▶ 카테고리 : IT, 인물
▶ 콘텐츠 타입 : 토크, 리뷰

📹 추천 영상

내가 멘탈이 존나 쎈 이유
(조회수 228,939회, 2018. 10. 29)

내가 술을 마시지 않는 이유
(조회수 204,000회, 2018. 12. 17)

재미진 멘탈갑
(Jamijin Mentalgap)

JM (구독자 33.6만 명)

유튜브 채널을 개설하겠다고 생각한 당신. 그렇다면 1주일에 몇 개 정도 올릴 것이며 몇 분 분량으로 올릴 것인가? 매일 하루도 빠짐없이 약 5분 정도 되는 영상을 올릴 수 있는가?

JM은 시도했고, 의미 있는 성과를 달성했다. 2017년 11월 1일부터 2019년 7월 26일까지, 약 1년 8개월 동안 그는 하루도 빠짐없이 매일 영상을 올렸다. 직장인인 그가 매일같이 다른 주제로 하루도 빠짐없이 영상을 올렸다는 건 성실함과 구독자와의 소통이라는 측면에서 매우 유의미하다.

주로 IT 제품을 리뷰하는 유튜버지만 긍정적인 멘탈과 재미있는 제스쳐로도 유명하다. 초창기에는 냄새 맡는 리뷰어로도 유명했다. IT 제품 리뷰라 냄새가 없는 게 당연한데도 맡았다는...

"내가 멘탈이 쎈 이유는 악플 다는 사람들의 비난에 내 자존감이 갉아 먹힐 이유가 없다는 거다. 그럴 바에는 내가 더 열심히 노력하고 행복해지는 데 신경을 쓰겠다는 거고."

당연한 내용 같지만, JM 특유의 말투와 제스쳐와 함께 듣고 있으면 이상하게도 진짜 동의하고 고개를 끄덕이며 이해하게 된다.

254

▶ 카테고리 : 패션/뷰티, 인물
▶ 콘텐츠 타입 : 토크, 브이로그

◧▸ 추천 영상

한국판 디즈니 영화 'Fairytale in Life'
(조회수 2,149,274회, 2017. 12. 23)

26살 킴대표, 졸업 후 6개월 동안 이루어낸 것들
1편
(조회수 235,391회, 최초 공개: 2019. 9. 22)

찐텐 HUSTLE LIFE
킴닥스의 열정. Docx

KIMDAX킴닥스 (구독자 52.7만 명)

단순한 뷰티 유튜버인줄 알았다. 어느 순간부터는 영화를 찍더라. 그리고 마침내 회사를 차린, 20대 중반의 이 젊은 유튜버는 오늘도 한 걸음 내딛는다. 킴닥스의 매력은 정말 많지만, '아이디어'와 '진화' 이 두 가지를 대표로 꼽을 수 있다. 처음에는 아이돌과 배우들의 특징을 잡아 비슷하게 보이는 메이크업을 하더니, 디즈니 만화와 웹툰의 주인공들까지도 커버를 하는 메이크업을 선보인다.

이런 뛰어난 손 기술과 영상미, 그녀가 배운 전공을 기반으로 영화를 제작했다. 한국의 토종 스토리를 기반으로 한 디즈니 느낌의 영화인 <Fairytale in Life>라는 영화를 만든다. 이는 영화진흥위원회에서 정식으로 영화로 인정받은 작품이기도 하다.

현재 그녀는 영상 편집 프로그램을 제작하는 중이고, 본인의 크리에이터명을 딴 회사를 설립했다. 그녀가 차린 회사 '킴닥스 스튜디오'는 영상을 보는 경험, 만드는 경험, 새로운 문화예술 경험을 하게 해주는 회사라고 한다.

단군 이래 최고 스펙이라는 2030세대. 하지만 예전처럼 돈 벌어 집 한 채 살 수 있는가? Never. 이들에게 킴닥스란 지치지 않는 영혼은 자극과 열망을 푸쉬한다. 보이던 세상이 닫히는 만큼, 새로운 세상이 열리고 있다고.

▶ 카테고리 : 다큐멘터리
▶ 콘텐츠 타입 : 드라마

▶◀ 추천 영상

[이산가족] 전국민을 울린 이산가족 남매
(조회수 1,217,072회, 2019. 8. 2)

[이산가족] 평양노래자랑
(조회수 560,880회, 최초 공개: 2019. 9.)

공영방송에서만 할 수 있는
유튜브 방송이란

257

KOREAN DIASPORA KBS (구독자 9.91천 명)

전 세계에서 오로지 우리나라만, 그 중에서도 한국의 공영방송 KBS에서만 할 수 있는 방송이 있다. 이산가족 찾기. 분단국가인 한국이고, 국가 정책 중 하나인 이것을 개인 단위나 사기업에서 할 수 없으니 이산가족 상봉은 KBS가 아니면 대단히 하기 어려운 프로그램이다.

KBS도 이를 알았나 보다. 유튜브에 KOREAN DIASPORA KBS 채널을 열었다. 이 채널은 20대 중반의 회사 동료에게 추천을 받아 알게 된 채널이다. 동료의 말이 미묘했다. "보기 시작하면, 계속 보게 된다고."

이산가족 상봉은 어릴 적 KBS를 통해 나오는 방송을 잠깐잠깐 보는 정도였다. 그 분들의 슬픔을 단편적으로만 이해할 수 있었기에 영상을 보는 것도 단편의 시간 정도였던 것이다. 시간이 흘러, 유튜브 속에서 각각의 클립들을 자유롭게 보기 시작하며 우리는 이산가족 상봉에 대한 단편적인 이해를 보다 다각도로 바라볼 수 있게 되었다. 이는 청년 세대가 통일을 이해하는 새로운 방법론이 될 수 있지도 않을까.

258

▶ 카테고리 : 패션/뷰티
▶ 콘텐츠 타입 : 리뷰

■▶ 추천 영상

유튜브 최초!! 'CL'님이 제 채널에 오셨어요!!!
(feat 나쁜골드 메이크업)
(조회수 529,443회, 2019. 9. 8)

한예슬 누나 EDM 페스티벌 메이크업 해드리기
'레오제이 시점'
(조회수 201,594회, 2019. 9. 17)

젠더리스 뷰티 유튜버

LeoJ Makeup (구독자 39.1만 명)

남녀 구분 없는 젠더리스 뷰티 유튜버의 선구자. 처음 그를 알게 된 계기는 '올XX 영 남자비비, 싹 다 구매. 솔직 리뷰' 콘텐츠 때문이었다. 남자든 여자든 특별한 날은 멋져 보이고 싶은 법, 그 날을 앞두고 비비크림 구매를 망설이다 유튜브에 '남자 비비크림'을 검색해보았다.

검색 결과 최상단에 있던 레오제이의 콘텐츠. 그의 영상에 빠진 필자는 바로 그가 추천한 제품을 구입하려고 백화점으로 달려갔고, 지금도 뷰티관련 제품을 사려고 할 때마다 레오제이의 영상을 참고한다.

그는 제품 리뷰뿐만 아니라 커버 메이크업, 길거리 메이크업쇼 등등 다양한 뷰티 콘텐츠를 만들고 있다. 특히 커버 메이크업은 성별, 연령, 국적, 캐릭터를 가리지 않고 다양하게 해낸다. 그래서 더욱 놀라울 정도. 그의 친근한 말투와 솔직담백한 모습은 남녀 성별을 떠나 누구나 보기 좋은 젠더리스 유튜버 다운 모습이다. 앞으로는 TV에서 보게 될지도?

▶ 카테고리 : 게임
▶ 콘텐츠 타입 : 예능

추천 영상

왜냐맨 말투 논란? (feat. 클템,우왁굳)
(조회수 530,039회, 2019. 4. 12)

'남자의 로망' 부산 사투리를 들은 우왁굳의
반응은?
(조회수 393,748회, 2019. 10. 16)

Loud G

게임계의 와썹맨(?)을 키워낸 채널

Loud G (구독자 15.9만 명)

게임을 소재로 한 예능형 채널(Feat. Spotv games). '웹 드라마, 예능, 리얼리티, 온라인 리그 등을 제작하는 웰 메이드(?) 지향 채널'이라는 소개에 걸맞은 콘텐츠로 승승장구 중이다.

최근 Loud G의 가장 재미있는 콘텐츠는 '왜냐맨'이다. 요즘 대세인 워크맨, 와썹맨의 패러디로 시작했지만 왜냐맨(장민철)의 매력은 워크맨, 와썹맨과 비교해도 전혀 떨어지지 않는다. 스타크래프트 프로게이머 시절을 거쳐 LOL 해설을 할 당시 해설과 관련한 여러 가지 이슈 속에서도 한 가지 유행어를 꽃 피웠는데, 그 유행어가 "왜냐!"였다. 해설 당시 "왜냐!"라는 말을 자주 사용한 것이 발단이 되어 많은 사람들에게 퍼져나갔고 밈이 되어 더 유명해졌다. 이후 자신의 유행어를 따 만들어진 왜냐맨이라는 콘텐츠는 시즌 3까지 이어질 정도로 많은 사랑을 받고 있다.

이외에도 전국의 특별한 PC방을 모두 찾아가는 PC방 버킷리스트 '피킷리스트', 게임 아나운서들이 진행하는 '소소하지만 확실하게 재밌는 콘텐츠 = 소확잼'이라는 콘텐츠도 많은 사랑을 받고 있다.

유튜브 카테고리에서 게임은 이미 큰 대륙을 차지하고 있다. 콘텐츠 소비층이 굳건하고 확실한 카테고리를 공략하고 트렌드를 읽어내는 것. 이것이 또 하나의 콘텐츠의 성공 공식일지도.

▶ 카테고리 : 인물
▶ 콘텐츠 타입 : 예능, 하우투

🎦 추천 영상

자동차 판스프링으로 회칼을 만들었는데 위력이
어마어마하다?!
(조회수 1,633,187회, 2019. 5. 9)

단돈 2만원으로 화목난로 만드는 방법
(조회수 713,145회, 2019. 3. 13)

한국산 맥가이버

MACHO MAN(마초맨) (구독자 12만 명)

'한국산 맥가이버'라는 단어가 잘 어울리는 크리에이터다.

"마쵸 !!"

그의 인사에 걸맞게 그가 뚝딱뚝딱 만드는 창작물(?)에서는 투박하고 거친 느낌이 난다. 하지만 전혀 싫지 않고 오히려 갖고 싶을 정도다. 예초기로 킥보드를 만들고 짐볼로 보트를 만든다. 자동차 스프링판으로 칼을 만든다. 그리고 단 칼에 소고기 한 덩이를 썰어버린다.

이렇게 일반인들은 상상해보지 못한 크리에이티브로 '마쵸맨' 다운 창작물을 만들어낸다. 기발한 창작물 + 텐션 + 손재주가 삼위일체를 이룬 크리에이터.

그가 만든 작품영상을 보면 노력과 근성이 엄청나다는 것을 알 수 있다. 보통 제작에 하루가 넘는 시간이 걸리지만 인상 한 번 쓰지 않는다. 텐션이 떨어지지도 않는다.

꾸준하게 콘텐츠를 생산하는 그의 열정은 영상에서도 고스란히 전해진다. 구독자들이 그의 매력으로 꼽은 키워드는 '코믹, 발명, 좋은 인성, NO 욕설, 건전한 돌+아이' 등이 있다. 정말 이 키워드를 모두 합치면 딱 마쵸맨이다.

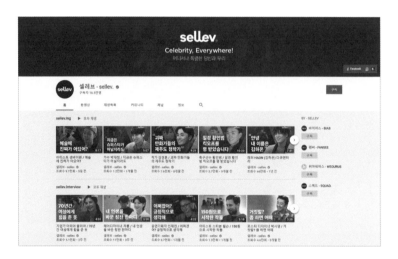

▶ 카테고리 : 인물
▶ 콘텐츠 타입 : 인터뷰

➕◀ 추천 영상

"늙어서 깨달으면 큰일 나! 젊은이는 늙고
늙은이는 죽어요"
(조회수 651,585회, 2018. 5. 21)

래퍼 HAON (김하온) 다큐멘터리
(조회수 449,357회, 2018. 9. 9)

특별한 셀럽들의
특별한 인터뷰 영상

sellev. (구독자 16.5만 명)

아직 한국에서 영상 시청의 주도권이 페이스북에 머물러 있을 시절. 화면의 절반 이상을 차지하는 텍스트가 빠른 속도로 넘어가며 인트로가 시작되던 영상을 기억하는지. 이제는 대부분의 영상들 속에서 이런 효과가 사용되고 있어 별로 특별해 보이지 않지만, 이런 참신한 새로운 시도를 한 미디어가 있었다. 지금까지 인터뷰를 통한 모티베이션 영상의 심볼로 자리잡은 미디어가 바로 셀레브(Sellev.)다.

세상의 모든 도전하는 사람들, 자신만의 길을 걸어가며 작은 성과를 내고 있는 사람들을 만나 그들이 살아온 길, 도전할 수 있었던 이유, 성공할 수 있었던 이유 등을 물어본다. 가장 인상에 남았던 인터뷰는 이어령 교수님의 영상이었다.

사실 수도권에서 출발하는 서울행 버스로 출퇴근하는 분들은 영상을 보자마자 "어! 이거?!"하며 바로 알아차렸을 것이다. 버스 안 모니터에서 매일 재생되고 있기에 지금까지 화면으로만 보았던 그 영상을 소리까지 함께 재생시켜보자.

266

▶ 카테고리 : 음악
▶ 콘텐츠 타입 : 예능

추천 영상

[CH2]SBS INKIGAYO LIVE(98년 02월 ~02년
09월)(4,5주차)
(2019. 10. 24 스트리밍)

[CH1] SBS TVGAYO20 LIVE (96년 01월 ~
98년도 01월) 정주행
(2019. 10. 27 스트리밍)

지금 바로 접속 가능한
타임머신

SBS KPOP CLASSIC (구독자 18만 명)

★원조 24시간★ 에스비에스 인기가요 라이브. '온라인 탑골공원'의 출발점! 90년대 노래와 00년대 노래를 인기가요 라이브를 통해 24시간 보여준다. 올해 하반기 많은 신조어들이 여기서 탄생했다. 탑골가가 = 이정현, 내한 공연 = 스티브유(유승준), 탑골 제니 = 스페이스 A 루루. 요즘 온라인 탑골공원은 엄청나게 붐빈다!

그 시대 문화를 향유했던 지금의 30대, 40대, 50대들이 인기가요 라이브를 보며 라이브 챗방에서 각종 드립들을 주고받기 시작했다. 이렇게 유튜브에 또 하나의 놀이터가 탄생했다.

기본적으로 스트리밍을 통해 영상을 보여주며, 방송이 끝나면 비공개로 돌려놓는다. 채널1과 채널2의 영상을 선택해서 스트리밍할 수 있다. 저장이 되지 않기 때문에 사람들은 이곳을 계속 찾아올 수밖에 없다.

268

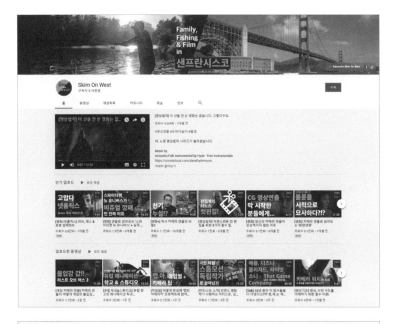

▶ 카테고리 : 인물
▶ 콘텐츠 타입 : 익스플레인형

■◀ 추천 영상

[영화/넷플릭스] 러브, 데스 & 로봇 임팩트!!!
(조회수 38,039회, 2019. 3. 23)

[영화+] 픽사 카메라 연출의 비밀!!
(조회수 11,578회, 2018. 12. 20)

글로벌 고퀄 영상작업의 모든 것

Skim On West (구독자 9.19천 명)

유튜브에는 카메라를 어떻게 다뤄야 하는지, 사진은 어떻게 찍어야 잘 나오는지. 편집 프로그램은 어떻게 다뤄야 하는지를 알려주는 채널들이 많다. 분명 프로들의 강론도 들으면서 기초적인 것들을 배우는 기쁨이 있는데 뭔가 아쉽다.

내가 할 수 있는가 없는가의 문제는 둘째 치고, 더 큰 세계적인 무대에서 영상 관련 일을 하는 사람들의 이야기가 듣고 싶을 때도 있다. 그런 사람들은 어떤 생각을 갖고 바라보는지가 궁금할 때가 있기 때문이다.

그럴 때는 이 채널을 보는 것이 좋겠다. 미국에서 영화 및 영상 현업에 종사하는 션 킴이 운영하는 채널이다. 캡틴 아메리카 영화 프로젝트에 작업했던 썰을 풀기도 하고, 픽사 영화에서 카메라 플랜이 어떻게 세워지는지를 얘기하는 등 정말 세계적으로 큰 무대에서 영상 작업이 이뤄지는 과정을 쉽고 재미있게 설명해준다. 지금보다 앞으로 더 많은 콘텐츠로 발전할 것으로 보이는 채널이다.

▶ 카테고리 : 동물
▶ 콘텐츠 타입 : 리뷰

📹 추천 영상

어항 유리도 박살낸다는 공포의 맨티스쉬림프를
입양했습니다
(조회수 6,307,654회, 2019. 8. 9)

대박!!이거 키워본 사람??멋이라는 것이
폭발한다
(조회수 2,170,685회, 2019. 5. 11)

어릴적 곤충채집의 추억

TV생물도감 (구독자 18.9만 명)

아니 이게 뭐야. "이런 생물 하나 등장하는 건데 600여만 뷰가 나온다고!?" '이런 생물이 나오니까' 617만 뷰가 나오는 것이다. 왜냐하면 유튜브가 아니면 흔히 볼 수 없는 생물들이기 때문이다!

유튜브 알고리즘도 상당기간 추천 피드에 띄워준 적 있는 맨티스 쉬림프. TV생물도감 채널에 가장 많은 조회수를 가져다 준 영상이다. 이 채널은 다양한 생물들을 키우는 유튜버가 그가 사육하는 생물들을 보여주고, 직접 채집하러 다니기도 하는 콘텐츠를 제작한다.

소재도 소재지만 이렇게 많은 뷰를 확보할 수 있었던 것은 제목과 비주얼이 큰 영향을 미쳤다. 맨티스 쉬림프의 빨간 뒤쪽 꼬리와 노오란 앞쪽 날개처럼 보이는 그것. 그리고 알록달록한 얼룩이 온몸을 예쁘게 바둑이 무늬처럼 수놓고 있는 청록 몸통. 이렇게 예쁜 녀석이 어항을 부술 수 있을 정도의 괴력을 자랑한다고 하니 궁금해서 안 볼 수가 없다.

유튜브 내에서 덕후력은 엄청난 차별 포인트가 된다. 구독자들은 자신이 모르는 것에 대해 신기해 하면서 유튜버가 올린 영상들을 하나하나 지켜본다. 놀랍고도 신비로운 유튜브의 세계다.

272

▶ 카테고리 : 푸드
▶ 콘텐츠 타입 : 예능, 요리

📹 추천 영상

곱등이(꼽등이)를 먹어보자.
(조회수 1,329,076회, 2019. 8. 24)

꽃매미를 잡아 먹어보자!!
(조회수 2,256,437회, 2019. 7. 29)

자타공인 캐치앤 쿡

U.M.A우마 (구독자 72.2만 명)

뉴트리아, 뉴트리아 쓸개, 붉은귀거북, 곱등이, 꽃매미 생소한 단어들이다. 그가 소개한 '식재료'이자 잡아먹은 동물들이다. 생태계 교란종이거나 해충인 이 동물들을 우마는 맛있게 요리해 먹는다. 특히 뉴트리아 사냥, 요리 영상은 압권이다.

그의 채널에서 가장 강렬하게 느낄 수 있는 것은 다름 아닌 콘텐츠에 대한 그의 열정이다. 엄청난 열정이 있지 않는 이상, 위에서 말한 저 재료들을 잡아먹을 수 있는 크리에이터는 거의 없을 것이다. 그의 열정을 돋보이게 해주는 또 하나의 요소는 인트로나 영상 중간에 들어가는 연출된 유머코드이다. 사소한 부분이지만 이런 디테일이 영상의 맛을 더욱 살려주는 것이다.

최근에는 비교적 정상적인 식재료를 이용해 쿡방 콘텐츠를 만들어내고 있다. 하지만 정상적인 식재료 콘텐츠는 뭔가 부족한 느낌이… '나 … 우마에게 중독된 것일지도…' 생각 없이 보기 좋지만, 생각해보면 배울 것이 많은 크리에이터, 우마.

어느새 세상의 모든 콘텐츠를 담고 있는 유튜브. '유튜브에는 다 있다'는 말처럼 유튜브는 지금 거대한 사회로 진화하고 있다. 그러다 보니 순기능뿐만 아니라 역기능적인 면도 부각되고 있다.

2020년의 유튜브는? 아니 앞으로 유튜브의 미래는 어떻게 변화할까? 강정수 박사, 김경달 대표 두 명의 전문가가 유튜브의 미래를 깊이 들여다본다.

강정수 박사는 연세대 독문학과를 졸업했다. 독일 베를린자유대에서 경제학 학사와 석사를, 독일 비텐-헤어데케대에서 경제경영학 박사 학위를 받았다. 연세대학교 커뮤니케이션 연구소 전문연구원 및 경영대학 겸임교수를 지냈다. 뉴미디어 스타트업을 발굴하고 육성하는 ㈜메디아티 대표로 활동한 바 있으며 현재 청와대 디지털소통센터장으로 재직 중이다. 국내 미디어업계에서 최고의 디지털 미디어 전문가로 손꼽히고 있다.

PART 4. 넥스트 유튜브를 전망하다

2016년, 유튜브와 페이스북의 전쟁

김경달 대표　　　현재 뉴미디어 쪽에서 가장 중요한 변화를 살펴보려면 유튜브를 빼고 이야기할 수는 없을 것 같습니다. 유튜브는 어느새 네이버 같은 포털로 자리 잡았습니다. 소셜미디어 트렌드와 미디어의 지형도 변화를 보면서 유튜브가 앞으로 어떻게 변화할지 살펴보면 좋겠습니다. 좀 더 구체적으로는 2020년도의 유튜브에서는 어떤 콘텐츠가 뜰지, 어떤 트렌드가 형성될지, 사람들이 주목하는 현상은 어떤 것이 있을지 살펴보았으면 합니다.

강정수 박사   유튜브의 성격을 살펴보려면 2017년 1월 이전과 그 이후로 나누어볼 필요가 있어요. 유튜브는 PC(데스크탑) 기반으로 시작된 서비스예요. 스마트폰이 도입된 이후에도 2016년까지 PC 기반의 서비스로 남아 있었습니다. 그때까지 유튜브 서비스는 스마트폰으로 동영상을 찍어도 업로드 하려면 다시 PC에서 작업을 해야 했습니다.

당시까지 모바일에서는 영상편집도구가 다양하지 않았고 정제되고 퀄리티 있는 편집은 PC에서나 가능했기 때문이지요. 유튜브에서는 잘 편집된 영상이 인기 있었지 날것의 영상을 찍어 올리는 브이로그(V-log) 같은 것은 별로 인기가 없었어요.

게다가 유튜브는 자신의 매체 성격을 TV의 확장된 형태로 생각했어요. 유튜브를 영상을 보고 끝내는 곳(End Station)으로 생각하고 영상 소비 중심의 매체로 키우면서 커뮤니티 성격을 갖지 못했어요. 그것이 2016년 당시 유튜브의 한계였어요.

그때 페이스북이 동영상 시장에서 주도권을 잡기 시작했습니다. 2016년 당시 페이스북은 이미 모바일에서 동영상을 업로드 할 수 있었어요. 때문에 많은 기업들과 기존의 미디어 산업과는 다른 방식의 콘텐츠 생산자들이 페이스북에서 성장했죠. 페이스북은 영상 콘텐츠와 카드뉴스 콘텐츠 등을 통해 유튜브가 갖고 있는 주도권을 뒤집으려고 했어요.

게다가 페이스북은 유튜브와 달리 커뮤니티 기능이 잘 마련되어 있었어요. 페이스북에서 동영상을 보고 다시 이것을 공유하기도 하고, 그 동영상의 댓글에서는 사람들의 반응을 볼 수 있었죠. 예를 들어 페이스북에서는 내가

2016년의 유튜브는 콘텐츠 소비 중심으로 가면서 커뮤니티 기능이 없었어요. 이 시기 페이스북은 동영상의 주도권을 잡기 위해서 치고 올라왔죠. 유튜브는 2017년이 되어서야 모바일 업로드가 가능하게 되었고, 커뮤니티 기능을 추가하기 시작합니다.

좋아하는 아이돌의 페이스북 팬페이지에 어떤 영상이 올라왔고, 팬미팅이 언제 있는지 알 수 있고, 그 안에서 '모임 번개는 언제할까?' 같은 대화도 가능했어요.

반면 2016년까지의 유튜브를 보면 그런 기능이 없었어요. 일종의 특정 영상의 팬덤 현상이 그 영상의 밑에 형성되지 못했던 것이죠. 이런 상황에서 유튜브는 2017년에서야 모바일에서 동영상 업로드가 가능하게 합니다. 그제서야 모바일이 영상 소비의 도구일 뿐만 아니라 생산의 도구이기도 하다는 것을 유튜브 운영자들이 인지한 거죠.

여기서 더 나아가 유튜브는 2017년도부터 단계적으로 커뮤니티 기능을 도입하기 시작합니다. 덕분에 댓글들도 풍성해졌고 커뮤니티 섹션을 따로 두면서 유튜브 안에서의 커뮤니티 기능을 확장했죠. 뒤

늦게나마 커뮤니티의 중요성을 유튜브가 깨닫게 된 것으로 보여요.

유튜브 도약의 핵심, 창작자 리워드 시스템

그런데 이번에는 페이스북이 결정적인 실수를 해요. 페이스북에는 뷰카운트 외에는 창작자에 대한 리워드 시스템이 없었어요. 여기서 네이티브 광고(Native Advertisement)에 대한 잘못된, 왜곡된 해석이 생겼어요. 페이지뷰가 많이 나오는 페이스북 팬페이지에 다른 기업들의 광고를 넣는 식으로 리워드를 가져가게 했어요. 생산에 대한 리워드라기보다는 매체 파워를 갖고 리워드를 준 것이죠.

반면 유튜브는 2015년부터 단계적으로 MCN(Multi Channel Network)의 초기적인 형태가 나타났어요. 이들과 광고 수익을 나누는 문제를 풀기 위해서 우선 콘텐츠 아이디 시스템(Content ID System)을 통해 저작권 문제를 해결했죠.

어떤 동영상에 동일한 노래가 사용됐다면, 예를 들어 싸이의 <강남스타일>이라면 자신의 강남스타일 노래 영상에서 창출되는 수익뿐만 아니라 그 노래를 갖고 만든 다른 영상들에서 나오는 수익도 원작자가 갖고 갈 수 있게 했어요. 유튜브는 이러한 리워드 시스템의 거대한 생태계를 기술력으로 만들어냈어요. 이것이 2017년도에 유튜브가 폭발적으로 성장할 수 있게 된 계기가 되었죠.

멀티미디어 동영상 플랫폼의 성장 이유 중에는 데이터 요금 인하가 있어요. 이 시기 유럽이나 서구 사회에서는 갑자기 빠른 속도로 데이터 요금제가 인하됩니다. 그러면서 누구나, 경제력이 없는 청소년들까지도 굳이 와이파이가 없어도 동영상을 즐길 수 있게 되었어요.

이렇게 동영상에 대한 경제적 부담이 전 세계적으로 크게 감소하면서 사람들이 텍스트와 이미지 중심의 커뮤니케이션에서 더 나아가 동영상 커뮤니케이션을 집중적으로 하기 시작했어요.

이것이 어마어마한 원심력을 가지면서 미디어 생태계를 재편하게 됩니다. 전통적인 미디어 생산자에게는 돈을 약속한 것이고, 추가적인 미디어 생산자에게는 페이스북에 갈 바에야 유튜브에 가서 돈을 벌겠다는 생각을 하게 만들었죠.

유튜브에서는 자신이 콘텐츠 생산을 하면 어느 정도 뷰일 때 얼마만큼의 광고 수입이 창출되는지, 한 달 후에는 얼마큼 벌 수 있는지, 구독자가 1만 명에 도달하고 10만 명에 도달하면 광고비가 어떻게 올라가는지, 체류시간이 증가하면 돈을 얼마나 벌 수 있는지 바로 알 수 있어요. 매일매일 자신이 어떻게 돈을 버는지 바로 확인할 수 있게 된거죠. 이런 데이터가 공개되면서 사람들의 욕망을 자극하게 됩니다.

그러다 보니 1인 크리에이터들뿐만 아니라 전통 미디어 기업들도 여기에 뛰어들게 되죠. 요즘 대부분의 사람들이 퇴사하면 유튜버가 되는 게 꿈일 정도로 유튜브는 사람들에게 욕망의 대상, 꿈의 대상이 된 거예요. 심지어 '제2의 비트코인'이라는 말이 나올 정도로 사람들은 유튜브로 돈을 벌 수 있다는 것을 알게 되었어요.

김경달 대표　　말씀의 핵심을 5가지로 정리해볼게요. 유튜브가 생산과 소비의 투인원(2-in-1) 기능으로서 모바일 디바이스를 인지했다는 것, 유튜브 커뮤니티의 기능들이 확대되면서 영상을 보고 끝내는 지점(End Station)뿐만 아니라 시작하는 지점(Start Point)으로 자리 잡게 된 것, 이를 통해 단순한 미디어 소비뿐만 아니라 이 미디어를 스스로 합성하고 확장할 수 있게 된 것, 그리고 요금 인하로 영상 소비가 쉬워졌다는 것, 마지막으로 리워드 시스템을 통해 미디어판을 완전히 바꿔버린 것이 유튜브 사용자가 폭발적으로 증가한 핵심 이유라고 볼 수 있겠네요.

　여기서 커뮤니티를 통한 확장과 리워드 시스템 부분에 대해 살짝 보충설명을 하자면, 유튜브에서 생성되는 팬덤의 경우 단순히 소비의 역할로 그치지 않는 것이 특징인 것 같습니다. 실제로 유튜브에는 리뷰 영상이나 커버 영상들이 많이 올라오는데요. 이렇게 다양한 부가적 영상들이 만들어지면서 오리지널 영상의 생산자(아이돌일 수도 있고 다른 유튜버일 수도 있는)에게 자신이 팬임을 인증 받는 겁니다.

마치 유튜브에서 BTS의 영상을 번역하는 팀이 전 세계적으로 함께 묶여서 앞서서 그들의 영상을 홍보하는 것처럼 말이죠.

유튜브는 유튜브 파트너 프로그램(YPP : YouTube Partner Program)을 통해 창작 생태계를 만들어갔는데, 여기에 보면 참여하기 위한 최소 자격 요건과 파트너 프로그램 신청 체크리스트가 있습니다. 낮은 문턱의 이 자격요건만 되면 누구나 참여할 수 있는 것이 특징이고, 이를 통해 자체 리워드 시스템을 공고하게 만들어나갔죠.

말씀하신 대로 2017년이 유튜브가 커뮤니티를 만들면서 전환점을 삼은 해였다면, 2019년은 유튜브가 다양한 영역에서 소통 및 수익 플랫폼으로서의 확장성이 넓고도 깊다는 걸 깨달으면서 모두가 집중하기 시작한 해입니다. 참 변화가 빠른데요. 그 변화 속에서 중요한 현상과 맥락을 더 짚어보면 좋을 듯합니다.

> 유튜브는 유튜브 파트너 프로그램을 통해 창작 생태계를 만들어갔는데, 누구나 참여할 수 있는 것이 특징이고 이를 통해 리워드 시스템을 공고하게 만들 수 있었어요. 2019년은 사람들이 유튜브가 소통 및 수익 플랫폼으로서의 확장성이 넓고도 깊다는 걸 깨닫고 모두가 집중하기 시작한 해입니다.

2019년, 존재하는 모든 것들이 유튜브로 들어오다!

강정수 박사　　　2017년에 유튜브가 폭발적으로 성장하는데, 흔히 말하는 '돈을 벌 수 있는 공간'이 되면서 처음에는 대단히 프로페셔널한 전문가 집단이 들어옵니다. MCN이라는 형태도 등장하고 창작 집단도 뭔가 세련된 콘텐츠를 갖고 시작했죠.

　　그런데 2018년부터 유의미하게 등장하기 시작한 것이 '개인 먹방'이었어요. 우리나라는 아프리카TV에 이미 이런 형태가 있었

▼ 위키피디아는 음식을 먹는 것을 보여주는 방송에 대해 Mukbang 이라는 용어를 사용하여 설명하고 있다.
(이미지 출처: 위키피디아 공식 사이트)

는데, 글로벌하게 보면 전혀 새로운 방송 형태가 나온 거죠. '먹방(Mukbang)'이라는 단어가 글로벌 용어가 되었고요.

한국이 만들어낸 글로벌 문화 트렌드가 두 가지가 있다고 보는데 바로 아이돌과 먹방입니다. 이 외에도 리액션 비디오가 있는데 주로 아시아에서 많이 만들어졌어요. 다양한 문화적인 트렌드가 생기면서 사람들이 '날것'의 영상을 보여주기 시작했어요. 큰 제작사나 제작진들이 들어가지 않아도 날것의 영상들로도 돈을 벌 수 있다는 것을 사람들이 알게 된 거죠. 그렇게 되니 유튜브에 대한 진입장벽이 완전히 사라지면서 이 세상하고 똑같아져 버렸어요.

명동 한복판에 나가보면 세련된 물건도 팔지만 손수레에서 음식도 팔고, 심지어는 구걸하는 분들도 있고, 뒷골목에는 사기꾼도 있잖아요. 유튜브에도 사기꾼이나 조폭도 들어오고 엉성한 제품을 파는 사람들도 나타나기 시작한 거죠.

우리가 흔히 말하는 허위 정보, 잘못된 건강 정보를 팔기도 하고 심지어 가짜 코인을 팔기도 해요. 또한 정치적인 목소리들도 정말 많아졌어요. 세련된 스튜디오에서 촬영하는 것뿐만 아니라 그냥 방에서 카메라 하나 두고 하는 방송도 30만 뷰, 50만 뷰가 나오기 시작했죠. 한일 갈등이 생기면서 항일 콘텐츠가 초보자 수준의 자막을 입혀 촌스럽게 나오는데 그것도 40만 뷰, 50만 뷰가 나오면서 돈을 벌기도 하고요. 이런 소식들이 곳곳에서 터져 나오기 시작한 거예요.

저는 2019년은 정말 이 세상에 존재하는 모든 것들이 유튜브로 들어가기 시작했다는 생각이 들어요. 기존에 방송에서 보여주었던 뮤직비디오, 드라마 외에도 유튜브 형식에 맞는 드라마나 영상이 제작되고 정말 날것의 동영상들도 다양하게 들어와 버렸죠. 연령 구별 없이 10대에서부터 60대, 70대까지 창작자로 들어오기 시작하고 형식도 다양해졌어요.

우리가 교보문고에 가면 정말 다양한 책이 전시되어 있지만 거기에 차마 못 들어가는 책들도 많잖아요. 하지만 그런 책들도 세상에서는 팔리고 있죠. 예를 들어 고속도로 휴게소 같은 곳에서 판매하는 책은 교보문고에서는 찾을 수 없어요. 그런데 유튜브에는 교보문고에 들어가는 책부터 고속도로 휴게소에서 판매하는 책까지 다 들어와버린 거죠.

'기를 아십니까'부터 '이것 먹으면 중병이 낫는다', '이것 먹으면 예뻐진다' 하는 정보도 들어오고 성적 판타지도 들어오고, 어떤 사람은 거기에 소설을 써서 올리기도 하고, 어떤 사람은 시를 써서 올리기도 하고 진짜 세상이 다 유튜브로 들어왔어요.

이런 현상은 우리나라뿐만 아니라 전 세계적으로 벌어진 현상이에요. 이를 가능하게 한 것, 견인한 것이 바로 돈입니다. 유튜브 광고시스템으로 누

한국이 만들어낸 글로벌한 트렌드 중 유튜브 관련해서 두 가지를 주목할 만한데요. 하나는 아이돌, 다른 하나는 먹방이에요.

구나 돈을 벌 수 있게 되었기 때문이죠. 그러다 보니 광고주 입장에서도 더 이상 유튜브를 버려둘 수 없게 되어버린 거예요.

10대만, 20대만, 60대만 좋아하는 것이 아니라, 게다가 지식의 많고 적음, 돈의 많고 적음에 구별 없이, 문화적 취향도 세련되거나 그렇지 않음에 구분 없이, B급 영상부터 시작해서 세상의 모든 것이 구별 없이 다 들어가 있으면 광고주들에게는 그냥 그 자체가 세상과 같은 것이거든요. 그러니까 다양한 광고주들이 유튜브에 들어올 수밖에 없고 광고를 통해서든 자신의 채널 강화를 통해서든 유튜브에

더 적극적으로 들어오게 되었던 것이죠.

이렇게 여러 정보와 광고가 유튜브에 집중되었고, 그러다 보니 당연하게 다양한 문제가 폭발적으로 드러났던 것이 2019년이기도 해요. 예를 들어 테러 콘텐츠가 올라온다거나 자살을 방조하는 콘텐츠도 들어오고 정말 온갖 영상콘텐츠들이 들어오는데, 거기에 기업 광고가 노출되면서 생기는 기업 이미지 악화 문제라든지 예측하지 못한 온갖 문제들도 발생하게 된 거죠.

김경달 대표　　　말씀대로 유튜브의 리워드 시스템은 창작 생태계를 만들어내며 많은 창작자들의 진입을 불러오고 수많은 콘텐츠를 만들어냈죠. 그 콘텐츠의 다양성이 또 많은 사람들을 불러들이면서 이용자들이 폭발적으로 증가했고요. 그러다 보니 광고주들도 들어오면서 마케팅 공간으로서도 유튜브가 상당히 커진 것 같아요.

그런데 다종다양한 콘텐츠들이 만들어지고 거기에 광고가 붙다 보니 브랜드 측면에서는 원하지 않는 광고 노출이 일어나며 오히려 브랜드 이미지를 해치는 경우도 생기게 됩니다. 이렇게 브랜드 세이프티(Brand Safety) 측면의 문제가 발생하기도 하는데요. 유튜브가 앞으로 이런 부분을 대처하고 정제해 나갈지가 어떻게 대처하고 정리할지가 이슈가 될 것 같습니다.

기업과 브랜드, 유튜브 할 것인가? 어디까지 할 것인가?

강정수 박사　　　브랜드 세이프티(Brand Safety) 문제는 주로 대기업이나 대형브랜드들이 고민하는 부분인데요. 당연히 조심해야 합니다. 유튜브처럼 온갖 콘텐츠와 잡상인들이 모여 있는 공간에서는 자칫 잘못하면 기업 이미지나 아이덴티티가 나빠질 수 있어요.

　기업이나 브랜드는 자신만의 시장 카테고리와 세그멘테이션 (Segmentation : 시장세분화)이 되어 있잖아요. 유튜브에서는 더더욱 기업의 마켓 포지셔닝에 맞춰서 콘텐츠가 들어가고 노출되어야 합니다. 아마 앞으로 이 부분이 기업들에게 큰 과제가 될 것 같아요.

기업은 유튜브에서 자신의 기업 이미지를 지속적으로 만들어나가며 업그레이드할 수 있는 명확한 프로세스와 전략이 있어야 해요. 이를 위한 많은 연구가 필요할 것이라고 봅니다.

또한 현재 기업들이 직접 콘텐츠를 만들기 시작하고 있는데요. 많은 기업들이 유튜브에서 실패를 하는 이유는 광고의 결정권자들이 유튜브 영상을 많이 보지 않기 때문이에요. 잘 만든 웰메이드 영상, 전통적인 영상 문법을 가진 영상들만 만들다 보니 유튜브에 있는 사람들이 거기까지 관심을 보이지 않는 거예요. 그런 것들은 이미 충분히 많거든요. 아니면 메시지가 맨 뒤에 있다든지 하니까 사람들이 안 보고요.

유튜브는 경쟁이 치열한 공간이에요. 이 모든 세상이 유튜브에 다 담겨 있는데 심지어 모바일이라는 아주 작은 화면 안에서, 피드 안에서 경쟁을 해야 하는 거예요. 검색에 노출이 되든 추천에 노출이 되든 말이죠. 그 경쟁은 정말 피 튀기거든요. 그렇기 때문에 기업이 들어와서 자신들의 고객접점을 만들기가 점점 더 어려워지고 있다는 생각이 들어요.

그냥 영상을 잘 만드는 에이전시에게 맡긴다고 될 일이 아니에요. 광고주 스스로 유튜브 세상의 문법을 알아야 하고 빠르게 변하는 트렌드의 변화들도 알고 있어야 하죠.

유튜브 사용자들과 어떻게 대화할 것인지, 사용자들이 어떻게 우리 콘텐츠에 반응하는지, 그리고 어떤 콘텐츠가 시기별로, 세분화해서 사람들 사이에 퍼져나갈 수 있는지 연구가 없는 상태로 그냥 영상만 만들어서는 자기 채널을 절대 성공시킬 수 없어요.

또 하나는 유튜브의 문법을 따르면서 기업의 브랜드 이미지하고 안 맞을 때 충돌이 생길 수 있어요. 병원 홍보를 예를 들면 병원의 콘텐츠는 정보의 신뢰도가 중요하고, 건강에 대해 이야기할 때도 권위를 가진 의사들이 출연해 차근차근 신중하게 이야기를 하다 보니 말을 할 때 표현이 길어질 수밖에 없어요. 하지만 이런 콘텐츠가 유튜브에서 통하느냐는 거예요. 그건 아니거든요. 반면 작은 규모의 병원일 경우 오히려 그냥 거칠게 나가면서 유튜브에서 사람들을 끌어들이는 일종의 호객 행위를 하게 되죠.

그렇게 보면 전통적인 이미지를 갖고 고객의 신뢰가 깊은 대기업들이 유튜브에서 제일 작동하기 힘들어 보입니다. 유튜브의 새로운 문법과 기업이 기존에 해왔던 커뮤니케이션 문법이 충돌하기 때문이에요. 이것을 감내할 정도의 수용성을 갖고 있는가가 기업에게는 중요합니다.

기업에서 유튜브가 중요한 의미를 갖고 있지 않다면 흔히 말해서 망가져가면서까지 유튜브를 해야 하는가에 대한 사내설득도 잘 안 대기업들이 유튜브에서 제일 작동하기가 힘들어요. 유튜브의 새로운 문법과 기업이 기존에 해왔던 커뮤니케이션 문법이 충돌하기 때문이에요. 이것을 감내할 정도의 수용성을 갖고 있는가가 기업에게는 유튜브 운영의 방향을 결정하는 키가 될 것 같아요.

되죠. 하지만 제 생각에는 유튜브가 이 세계의 동일한 반영물이 되어버리면 전통 기업들도 안 들어올 수는 없다고 봅니다.

김경달 대표 그렇죠. 거기서 딜레마가 발생하는 것 같습니다. 현재 과도기 상황에서 기존의 커뮤니케이션 방식을 버릴 수도 없고, 유튜브도 잘하고 싶은데 유튜브의 문법엔 아직 적응이 안 되었고요. 이 두 가지를 함께 병행하려다 보니 충돌이 일어나는 것 같아요.

강정수 박사 그렇죠. 이제 기업에서는 유튜브의 문법을 이해하는 홍보팀이나 마케팅팀이 생겼어요. 이 팀들이 "이거 도저히 지금까지 했던 방법으로는 시행착오만 겪고 안 되겠어. 유튜브의 문법을 전면 받아들이자!"라고 하며 바꿀 때 이건 잘돼서 작동할 수 있어요. 그런데 사내 다른 사람들과 공유하는 순간 "우리 회사의 이미지가 그렇게 망가져야 돼? 흩어져야 돼?" 같은 갈등 상황이 생기는 거죠.

기업 유튜브 마케팅, 내부에서? 아니면 협업으로?

김경달 대표 　그럴 때 기업의 마케터 입장에서나 경영진 입장에서 볼 때는 "하긴 해야 된다. 그런데 어떻게 할 거냐?"의 딜레마가 있는 거죠. 우선 몇 가지 해소해야 하는 쟁점이 있어 보여요. 내부 홍보팀 체제로 계속 강화해나가야 하는가 아니면 외주를 쓸 것인가의 문제, 기업의 커뮤니케이션이 뉴미디어 중심으로 옮아가야 되는가 아니면 전통 매체 중심으로 그대로 있되 유튜브 등은 큐레이션을 통해 관리만 할 것인가의 문제, 혹은 외부적으로 협업의 형태로 많은 것을 풀어가는 것이 좋은지 등 여러 가지 문제가 있는 것 같아요.

　하지만 외부 협업에 기대기만 해서는 만만치 않은 상황이죠. 직접 콘텐츠를 제작하며 소비자들이 우리 기업의 콘텐츠를 볼 수 있도록 리터러시를 높여야 하는데 이런 부분에서 기업 담당자들은 결정을 해야할 것 같아요. 사내 팀을 어느 정도로 확충할 것인지, 외부 협업은 어느 선에서 진행할 것인지와 같은 결정을 말이죠.

강정수 박사 　유튜브에는 두 가지 세계가 있다고 생각해요. 압도적인 크리에이티브로 만들어진 대작 영화들이나 대단히 훌륭한 소설은 팔리거든요. 이건 유튜브에서도 마찬가지예요. 정말 많은 돈을 들이고 창의력을 쏟은 영상은 유튜브에서도 팔립니다. 기업은 이 길

을 걸을 것인지, 아니면 오히려 유튜브의 문법을 전략적으로 이용하면서 커뮤니케이션을 맞춰 갈 것인지 양자택일을 해야 할 것 같아요.

에이전시에게 외주를 줄 때도 마찬가지입니다. 창의성이 많이 요구되는 작품을 만드는 에이전시와도 협업할 수 있고 유튜브의 문법을 잘 알고 있는 전략적 두뇌를 가지고 있는 집단과 협업을 하는 방법도 있을 거예요. 그외에도 데이터 분석이나 퍼포먼스 마케팅 쪽으로도 유튜브에 접근할 수 있겠죠. 돈을 들인 만큼 퍼포먼스가 나오는 원리는 유튜브에서도 똑같이 통용되거든요.

유튜브 마케팅의 경우 결국 사내 팀에서 모두 하기는 어려울 것이라고 보고 있어요. 왜냐하면 창의성이 높은 영상을 사내 팀만으로 만들어내기는 어려운 구조잖아요. 외부의 적절한 에이전시와 협업하는 게 더 낫죠. 오히려 영화 작가나 영화감독과 협업할 수 있으니까요.

유튜브 마케팅을 하려면 유튜브에 대한 끊임없는 학습과 방대한 데이터에 대한 이해가 있어야 해요. 이를 통해 기업의 전략 방향과 마켓 포지셔닝에 맞춰서 유튜브에서는 어떠한 마켓 세그멘테이션을 해야 될지 판단할 수 있어야 해요. 어떤 문법의 영상들이 계속해서 드러나는지 끊임없이 파악해내야 하는데 이것을 사내 홍보팀이 하기에는 비용 대비 ROI(Return On Investment, 투자 대비 성과)가 안 나옵니다. 여기에도 규모의 경제가 작동하니까 이에 맞는 에이전시 체제로 가게 되지 않을까 생각하고 있습니다.

미국의 전통 광고사들이 계속해서 유튜브 데이터 분석 기업의 인수전에 나서는 것도 결국은 유튜브 인텔리전스를 가지려고 하는 광고 에이전시들의 노력의 한 방향이 아닌가 하는 생각이 듭니다.

김경달 대표 이와 더불어 통합적인 마케팅에 대한 고민도 더욱 확대될 것으로 보입니다. 유튜브에 대한 고민을 해소하는 동시에 기존에 해오던 여러 가지 마케팅 활동들, 혹은 대고객 커뮤니케이션이 통합적으로 일어나야 한다고 생각됩니다.

강정수 박사 그렇죠. 중요한 것은 '어떤 공간에서 어떤 고객에게 다가갈 것이냐' 하는 점입니다. 통합 커뮤니케이션의 경우 예를 들어 페이스북이라고 한다면 페이스북의 문법을 따르는 것도 중요하지만, 페이스북에서는 어떤 고객을 만날 것인지, 인스타그램에서는 어떤 고객을 만날 것인지, 오프라인에서는 어떠한 고객을 만날 것인지, 또는 이 고객은 오프라인과 온라인에서 동일한 집단인지를 파악해야 가능합니다.

기업의 커뮤니케이션 전략은 각각의 플랫폼에서 어떻게 가져갈 것인지를 정한 다음에야 통합마케팅이 가능하지 않을까요. 반면 플랫폼마다 동일한 목표를 부여한다거나 동일한 콘텐츠로 일거이득의 효과를 보겠다고 생각하면 더 이상 작동하지 않죠. 우선 어떤 플랫폼에서 어떤 고객과 만날 것인지를 정의하고, 그 플랫폼에서 고객이 좋아하는 것이 무엇이고 고객이 원하는 것이 무엇인지를 파악하는 것이 통합마케팅의 출발점입니다.

유튜브 마케팅의 경우 외부의 적절한 에이전시와 협업하는 게 더 나을 것으로 보입니다. 더불어 기업의 커뮤니케이션 전략은 각각의 플랫폼에서 어떻게 가져갈 것인지를 정한 다음에 이를 통합하는 마케팅이 가능할 것이라고 생각해요.

295

2020년, 유튜브가 현실 세계와 같아진다

김경달 대표　　　플랫폼별 이용자 접점을 제대로 파악하고 그 특성에 맞춰 커뮤니케이션을 해야 된다는 얘기로 정리가 되는 것 같습니다. 그렇다면 이번에는 2020년의 유튜브 트렌드는 어떻게 변화할 것인지, 또한 어떤 콘텐츠나 채널이 사람들에게 주목받을 것인지 살펴보면 좋을 것 같습니다.

일단 제가 몇 가지를 좀 추려봤는데요. 우선 '온라인 탑골공원류' 콘텐츠의 부활은 '유튜브에서도 여전히 스토리텔링이 좋은 영상은 시대와 상관없이 주목을 받는다'는 것을 알려주었습니다. 공중파에서 파워를 갖고 있는 나영석 PD나 김태호 PD의 경우 TV와 모바일을 넘나드는 크로스플랫폼 전략으로 새로운 스타일의 콘텐츠를 개발하고 있고요. 갑자기 떠오른 크리에이터 '과나'처럼 랩이나 음악적인 요소들을 결합한 영상 콘텐츠들이 크리에이티브 요소로 작용하면서 주목받기도 합니다.

또한 커머스 콘텐츠가 확실히 많이 늘고 있는 것 같아요. 광고 협찬 영상을 만드는 것에서 나아가 직접 제품을 판매하는 영상들도 많아졌죠.

게임 콘텐츠는 전통적으로 유튜브에서 강한 장르인데, 구글의 차세대 게임 플랫폼으로 불리는 스타디아(Stadia)를 포함해 앞으로도 계속 성장할 것으로 보입니다. 그리고 브이로그들도 계속 활성화될 것 같고요. 또한 라이브 콘텐츠, 스트리밍 콘텐츠가 크게 성장할 것으로 보여요. 라이브 방송을 하며 실시간으로 커뮤니케이션을 하는 콘텐츠들이 상당히 늘고 있습니다. 이 외에도 어떤 콘텐츠들에 주목해야 할까요?

강정수 박사　　　앞에서 유튜브에는 이 세계가 다 들어가 있다고 말씀드렸듯이 콘텐츠 또한 모두 들어가게 될 것 같아요. 인간 세상을 구성하는 모든 콘텐츠들이 유튜브에 모일 것으로 보입니다. 페이스북과 인스타그램의 결정적인 한계는 우리의 세상이 다 들어가기에는 표현의 방식에 한계가 있다는 점인데요. 반면에 유튜브는 동영상이라는 표현방식이 가질 수 있는 다양한 방법들을 구현할 수 있고, 거기에다 커뮤니티와 리워드 시스템이 같이 붙어있어 모든 게 이 세상처럼 돌아갈 것이라고 보입니다.

　현실세계에서 장사를 하는 분들이 있듯이 유튜브에서도 장사하는 분들이 있는 거죠. 오락하는 사람들이 있고, 예능을 만드는 사람들이 있는 것처럼 유튜브에도 그런 콘텐츠들이 당연히 들어가 있는 것이고요. 세상의 많은 지식 또한 유튜브에 들어가겠죠.

　이럴 때 저는 유튜브에서 가장 주목해야 되는 것, 강화해야 할 것은 검색이라고 봅니다. 세상의 이슈를 모아서 보여주는 것이 실시간 검색이잖아요. 이런 실시간 검색은 사람들이 지금 무엇을 궁금해 하고 있는지 또 하나의 트렌드를 반영하거든요. 예를 들어 태풍이 온다고 하면 태풍 소식도 유튜브에 있을 것이고요. 미세먼지에 관한 정보도 유튜브에서 바로 찾을 수 있죠.

저는 네이버로 대변되었던 실검의 트렌드가 앞으로 유튜브로 들어갈 거라는 생각이 들어요. 특히 2020년에는 거의 모든 분야의 콘텐츠, 다양한 정보와 표현 형식의 콘텐츠들이 유튜브에 들어오면서 유튜브에는 없는 것이 없을 것 같아요. 그래서 어떤 하나의 트렌드로 잡히지 않는 다양한 무엇인가가 다 있을 것으로 보입니다.

물론 초기 트렌드는 나라마다 다르게 나타날 수도 있을 텐데요. 예를 들어 공공의료시스템이나 의료보험이 발달하지 않은 브라질에서는 감기 걸렸을 때 무슨 차를 마셔야 하는지, 열이 났을 때 대처 방안이 무엇인지와 같은 건강 관련 정보가 가장 많다고 해요. 이렇게 나라마다 시급한 정보들이 먼저 유튜브로 들어갈 것으로 보입니다.

유튜브 세대인 젊은 친구들의 경우 단순히 시간을 때우는 용도가 아니라 유튜브를 통해 실제로 학습도 많이 이루어지는 것을 알 수 있어요. 요즘 기타를 잘 치는 친구들한테 기타 어디서 배웠냐고 물어보면 다들 유튜브에서 배웠다고 말해요.

얼마 전 20대 남성들에게 여가시간에 무엇을 하느냐고 물으니 2위가 유튜브였고, 1위가 게임이었고, 3위가 운동이었어요. 그런데 가

네이버로 대변되었던 실검의 트렌드가 앞으로 유튜브로 들어갈 거라는 생각이 들어요. 특히 2020년에는 거의 모든 분야의 콘텐츠, 다양한 정보와 표현 형식의 콘텐츠들이 유튜브에 들어올 것이고요. 그런 점에서 유튜브가 앞으로 더욱 강력해질 것이라고 생각해요.

만히 보면 게임 공략을 위해 유튜브 방송을 보고, 운동도 유튜브 방송을 보며 홈트(홈트레이닝)로 따라하고, 심지어 '오늘 저녁 남산에서 같이 달리기 하자'는 약속도 유튜브를 통해서 정하더군요. 4위가 영화였는데 요즘엔 영화를 뭘 볼지 유튜브에서 검색한 후 결정한다는 거예요. 우리의 세상과 라이프가 유튜브에서 똑같이 재조직화하는 방식으로 작동하고 있다는 뜻이죠. 이렇게 보면 2020년의 트렌드는 '유튜브에는 다 있다'라고 할 수 있어요.

유튜브에는 우리가 찾고 싶은 것, 궁금한 것, 우리의 시간을 함께 할 수 있는 모든 콘텐츠들이 다 들어갈 수 있는 것 같아요. 그런 점에서 저는 유튜브가 대단히 강력해질 것이라고 생각해요.

김경달 대표 뒤집어 말하면, 일상의 관심사가 모두 유튜브에 다 투영되고 있다고 볼 수 있겠군요.

강정수 박사 그렇죠. 사회적 관심에 따라 유튜브에는 관련된 정보들이 모두 몰려들어 와요. 정치사회적으로 일본과의 갈등이 불거지니 관련된 콘텐츠들이 유튜브에 우르르 들어왔어요. 어떤 사회적 이슈나 논쟁이 생기면 그 의견이 고스란히 반영된 콘텐츠가 엄청나게 만들어지죠. 앞으로 또 어떤 사회문화적 이슈가 발생할지 모르지만, 유튜브는 그런 사회문화적 현상을 그대로 반영하는 일종의 거울처럼 작동할 거예요.

흔히 '싱크로율'이라고 하는데 이 세상과 유튜브의 싱크로율이 엄청나게 올라갈 거예요. 2019년의 유튜브는 10대만 하는 유튜브, 어르신들만 하는 유튜브가 아닌 전 세대가 다 보는 유튜브가 되고 있어요. 이런 현상은 한국뿐만 아니라 전 세계적으로 보이는 현상이에요.

유튜브의 사회적 역할, 어떻게 확장되어야 할까?

김경달 대표　　현실 세계와 동일시되는 상황에서 유튜브의 사회적 책임론에 대해서도 이야기해야 할 것 같습니다. 이게 우리나라뿐만 아니라 글로벌한 쟁점이 되고 있는데요. EU에서도 관련 문제를 논의하고 있죠. 한국의 경우 2020년에 선거를 치르는데요. 2020년의 선거는 '유튜브 선거'라고 해도 과언이 아닐 듯합니다. 그만큼 소위 '가짜뉴스'로 불리는 허위조작정보에 대한 유튜브 자체의 대책이 점점 더 요구될 것으로 보이고요. 유튜브 자체의 변화와 방향은 어떻게 가야 할지 그것도 논의해보면 좋을 것 같습니다.

강정수 박사 2020년의 유튜브는 미로처럼 변해갈 것으로 보입니다. A포인트에서 C포인트로 가는 것이 결코 쉽지 않고 콘텐츠, 기업, 크리에이터, 이용자 모두 다양한 만남, 우연한 만남이 이루어지면서 새로운 무엇인가가 탄생하기도 하고요.

저는 유튜브가 우리 세계를 제대로 구현한 최초의 기반 플랫폼이라고 봅니다. 현재 플랫폼 기업을 살펴보면 우버나 에어비앤비, 배달의민족 같은 부문 플랫폼이 있죠. 에어비앤비는 숙소를 찾는다는 특정 목적을 해결하기 위한 플랫폼이고 배달의민족은 배달 음식을 주문할 때 도움을 주는 플랫폼이고요.

반면 유튜브, 페이스북, 구글, 네이버 같은 플랫폼 서비스는 사회기반(Infrastructure) 서비스라고 볼 수 있어요. 사회기반 서비스는 진화합니다. 그런데 문제는 현실 세계에서 사회기반 서비스라고 하면 공공적인 부분이 결합되어 있거든요.

방송도 공공적인 부분이 있기 때문에 공영방송이 있는 것이고, 나름대로 공공정책이라는 것들이 들어가 있었어요. 기반 서비스의 경우 예를 들어 어떤 도로를 민자 유치를 할 건지, 공공에서 할 건지, 철도의 경우에도 국가에서 놓을 건지, 민간이 놓을 건지 논의가 있었죠.

그런데 유튜브는 사회기반 서비스적 성격을 갖고 있음에도 불구하고 철저하게 사기업에 의해서 운영되고 있다는 특징을 갖고 있습니다. 그리고 사람들의 움직임, 정보를 찾는 그 길을 어떻게 찾는지는 아무도 모르고 그 기업만이 알고 있고요. 사람들이 유튜브 내에서 A포인트에서 B포인트로 이동할 때도 유튜브의 추천에 의해서 갈 수밖에 없는 상황이죠. 저는 이것이 사회문제화 될 것으로 예상해요.

유튜브에는 세상이 들어가 있고 여기에 인간의 삶이 다 반영되고 있잖아요. 이미 공공화된 사회기반 서비스가 되어버린 유튜브의 주도권을 특정 한두 기업만이 갖고 있는 것에 대한 갈등과 저항 또한 2020년에는 본격화될 것으로 보입니다.

김경달 대표　유튜브의 사회적인 영향력은 점점 더 커지는데, 사기업의 입장에서 사회적 역할까지 함께 담당하다 보니 아무래도 운영책임의 이슈가 생기는 것은 당연한 것 같습니다. 현재의 상태에서 볼 때는 좀 더 비판적으로 접근할 수밖에 없다는 생각입니다. 사실 유튜브의 문제점들이 폭발하듯이 나오고 있거든요.

자정되지 않은 콘텐츠들의 문제나 '돈'으로 야기되는 여러 문제들이 아직까지는 적절한 질서가 정립되지 않고 혼란스러운 상황이고요. 유튜브의 알고리즘은 이용자에게 점점 더 자극적인 콘텐츠를 보여주면서, 유튜브 채널 내에 계속 머물러 있게 만들고요. 이런 알고리즘 이슈에 대해서 우리가 어떻게 정의해나가고, 사회적으로 해소하기 위해서는 어떤 형태의 접근이 필요한지 이야기해보면 좋겠습니다.

유튜브는 사회기반 서비스적 성격을 갖고 있음에도 불구하고 철저하게 사기업에 의해서 운영되고 있다는 특징을 갖고 있습니다. 이미 공공화된 기반 서비스가 되어버린 유튜브의 주도권을 특정 한 두 기업만이 갖고 있는 것에 대한 갈등과 저항 또한 2020년에는 본격화될 것으로 보여요.

강정수 박사   저는 유튜브 플랫폼이 진화하는 속도가 생각보다 너무 빠른 데서 오는 문제라는 생각이 들어요. 우리의 세계가 유튜브로 빨려 들어가는 속도가 엄청나게 빠르다 보니, 사회기반 서비스 성격을 갖고 있음에도 이에 맞춰 법칙이나 제도, 정책 준비를 제대로 못하는 것이고요. 저는 심지어 유튜브라는 기업 자체도 여기에 대해서는 예상하지 못했다고 봅니다. 페이스북도 이렇게까지 빠르게 유튜브에게 권위를 빼앗길 것이라고 생각하지 못했을 정도로 빠른 속도로 유튜브가 세상을 빨아들이고 있는 상황이에요.

그러다 보니 유튜브 기업 자체도 자신들의 역할정립(Role Setting)을 못하는 것으로 보입니다. 이 부분이 그들이 실수를 범하게 되는 지점이 되고요.

대표적인 것이 브랜드 세이프티(Brand Safety) 논쟁이 일어났을 때 유튜브가 '노란딱지'를 만들어 낸 사례입니다. 부적절한 언어, 폭력,

성인용, 논란 문제나 민감한 사건 등을 다룬 콘텐츠에 광고를 제한하는 노란딱지를 붙이기 시작했어요.

저는 노란딱지가 옳다고 생각하지는 않아요. 유튜브 입장에서는 오죽했으면 '노란딱지'를 만들었겠느냐고 항변할 수 있겠죠. 하지만 노란딱지라는 게 완전하게 유튜브만 아는 법칙에 의해서 움직이는 것이 문제죠. 물론 공식적으로는 알고리즘에 의해 해당 콘텐츠가 선택된다고 하지만 이 기계 또한 사람이 만든 것이니까요. 충분히 사람이 개입할 여지가 있는 거죠.

또 하나의 문제는 사람이 만들었다고 하더라도 프로그램의 자체 학습 능력에 의해 발전할 경우, 이 프로그램이 구체적으로 어떤 원칙에 의해 활동을 하는지는 유튜브도 통제하기 힘들다는 점이에요. 플랫폼이 한 번 자기 발전을 시작하면 이 플랫폼을 운영하는 기업도 통제하기 힘들다는 거죠. 왜냐하면 너무 많은 양의 데이터가 들어오고, 너무 많은 양상들이 벌어지고, 생각지도 못했던 일상의 모든 것이 벌어지기 때문이에요.

저는 그렇게 생각해요. 유튜브에 세상이 다 들어왔는데 여기에 범법자가 왜 없겠어요. 그런데 경찰 역할을 유튜브 혼자서 다 하겠다? 저는 과연 유튜브가 감당할 수 있겠느냐는 생각이 듭니다.

감당할 수 있다면 그들이 실수하는 것도 형사적으로, 민사적으로 다 책임져야 한다고 생각합니다. 그렇게 할 생각이 아니라면 이제 유튜브의 공공성 문제를 사회적 문제로 가져가는 것이 당연하다고 봅니다.

김경달 대표   아무리 큰 기업이라고 하더라도 혼자서 사회의 경찰 노릇을 할 수 없는 노릇이죠. 그게 가능하지 않기 때문에 어떻게 보면 면책의 여지도 생기는 거고요. 이건 동시에 사회적으로 풀어나가야 되지, 사기업에 전적으로 의존해서는 어렵다고 봅니다. 유튜브 에게 모든 것을 책임지라고 할 수도 없는 노릇이고요. 양면으로 함께 잘 풀어가야 하는 부분인 것 같습니다.

강정수 박사   유튜브에 대한 규제와 규칙을 어떻게 만들어나갈 것인가가 2020년에는 무척 중요할 것으로 보여요. 규제를 해야 하긴 하는데, 예전 독점기업을 규제하듯이 하면 안 되고요. 현재 유튜브에는 수많은 인간 세상이 갖고 있는 악과 범죄, 갈등, 음해가 다 들어와 있거든요. 이것을 유튜브 혼자서 책임질 수 있을까요? 저는 이런 문제의 해결을 위해 기업이나 사회, 공공기관이 함께 대화해야 한다고 생각합니다. 이를 해결하기 위한 사회적 대화가 늘어날 것으로 봅니다.

유튜브의 알고리즘 이슈, 사회적으로 어떻게 풀어가야 할까?

김경달 대표　　　노란딱지 이야기를 좀 더 진행해보고자 합니다. 이게 수익과 연결되다 보니 이 이야기가 우리나라에서도 계속적으로 주목받고 있는데요. 유튜브의 알고리즘 이슈를 사회적으로 푼다고 할 때 미국의 통신규제 사례에서 보듯이 정부와 정부와 민간이 함께 협의체를 꾸려 논의를 하면서 규제 방식을 만들어내고 있는데요. 공적인 규제라는 것은 결국 법 제도를 정비하면서 타율적인 규제를 하는 수밖에 없잖아요. 하지만 그렇게 하기는 기술의 발전과 함께 민간 영역에서의 변화 속도가 너무 빠른 상황이고요. 따라서 공공영역과 민간영역이 함께 협업 구조를 어떻게 만들어가는 게 좋을지 논의가 필요할 것 같습니다.

강정수 박사　　　예를 들어 UN은 2차 세계대전이라는 비극을 겪은 후에야 탄생합니다. 상처를 딛고 갈등 해결을 위한 방법을 찾으려고 했던 거죠. 전 세계적인 갈등을 해결하기 위해 UN이나 WTO 같은 기구들이 만들어졌잖아요.

　유튜브 문제 또한 한 국가에서 해결할 수 없는 차원이 되었다면, UN의 안전보장이사회처럼 유튜브만을 위한 안전보장이사회를 만들 수 있다고 생각해요. 그 안에서나 이 문제가 해결될 수 있을 정도로 국제적으로 상시적 공조가 반드시 필요한 것이고, 이를 서포트해 줄 상설적인 실무 기관도 필요한 것이고요.

UN에 다양한 기구들이 있듯이, 유튜브의 복잡다단한 문제를 해결하는 전문 협의체들이 한 층위만 아니라 다양한 층위에서 형성될 수 있다고 저는 생각합니다.

김경달 대표　　동감입니다. 현재 세계적인 기구들은 오프라인 세계만을 그 대상으로 삼는 패러다임에 기반하고 있는데요. 이제는 그것만으로는 한계가 생겼고, 우리의 현실이 상당 부분 온라인 세계와도 연결되어 있는 걸 감안해 앞으로는 좀 더 전향적인 패러다임의 전환과 현실적인 개선 노력이 필요하다고 봅니다.

강정수 박사　　덴마크에서는 2017년 전 세계 최초로 '인터넷 대사'라고 부를 외교관(Tech. Ambassador)을 임명했는데요. 주로 실리콘밸리의 구글과 페이스북 등 기술기업을 상대로 업무를 한다고 합니다. 저는 앞으로 국가마다 유튜브에 대사를 파견해야 한다고 봅니다. 이들이 유튜브 문제에 대해 전문적으로 고민해야 한다고 생각해요. 사실 아직까지 유튜브 문제는 통합적으로 다뤄지기보다는 각 부처나 기관별로 부분적으로 다루고 있는 것이 현실이에요.

반면 대사관의 경우 무역의 문제, 국민의 안전을 지키는 문제, 국

308

방의 문제 등을 모두 다루고 있는 것처럼 유튜브에서 생기는 개인
정보의 문제, 유해 콘텐츠 문제, 광고 문제 등 다양한 문제를 한꺼번
에 종합적으로 논의할 수도 있다고 봅니다. 그래서 한국의 대표가
유튜브 본사에서 논의할 수 있고, 발언권을 가질 수 있어야 한다고

유튜브 문제 또한 한 국가에서 해결할 수 없는 차원이 되었다면, UN의 안전보장이사회처럼 유튜브만을 위한 안전보장이사회가 만들어질 수 있다고 생각해요. 그 정도로 국제적으로 상시적인 공조가 반드시 필요하고, 이를 서포트해줄 상설적인 실무 기관도 필요하겠습니다.

생각해요.

또한 여러 나라에서 대사를 파견할 경우 다른 국제기구처럼 국가별로 돌아가며 상임이사국을 뽑기도 하고 유튜브에 방향을 제안하고, 유튜브가 그것을 받아들이지 않으면 연합해서 제한을 하든지 불이익이나 벌칙을 주든지 해야 된다는 거죠. 그 정도로 유튜브가 커졌다는 것인데, 저는 앞으로도 더 커질 것으로 봅니다.

김경달 대표   흥미로운 지적입니다. 상당히 중요한 이슈로 보이고요. 어떻게 보면 가까운 미래의 모습이 될 수 있겠습니다. 마치 우리가 전에 우체국 가서 편지를 부쳤는데 지금은 이메일로 소통하고 처리하는 게 일상이 된 것처럼 말이죠. 현재는 예상해보는 것이지만 시간이 지나면 현실로 다가올 것 같다는 생각이 듭니다.

유튜브, 성공방정식은 무엇일까?

김경달 대표　　이번에는 기업의 입장에서 좀 더 현실적인 논의를 해 보면 좋을 것 같습니다. 유튜브에서는 어떻게 해야 성공할 수 있을까요?

강정수 박사　　요즘 유튜브에는 어떻게 유튜브를 운영해야 하는지 알려주는 영상이 많아요. 그런데 그들이 이야기하는 성공방정식이 다 달라요. 페이스북이나 인스타그램만 해도 뭔가 성공 로직을 참고하고 열심히 따라하면 답이 나왔거든요. 그런데 유튜브의 경우 위에서 말씀드렸듯이 거대한 세계가 빨려 들어오다 보니 온갖 방법이 다 맞는 거예요. 어떤 게 옳은 게 아니라 다 옳은 거죠.

그러다 보니 기업의 입장에서는 선택장애가 생길 수밖에 없어요. 내부에서 이 방법이 옳다, 저 방법이 옳다 하며 갈등이 벌어질 수도 있는데, 사실 다 맞는 거거든요. 이게 무슨 의미냐 하면 여러 성공방정식이 계속 생기고 있다는 거예요. 유튜브의 판 변화는 계속 이루어지면서 말이죠.

김경달 대표　　네. 정말 중요한 포인트를 지적해주신 것 같습니다. 그렇지만 기업은 이런 상황에서도 성공을 위해 어떤 방법을 선택할지 의사결정을 내려야 합니다. 이렇게 분화된 상황에서 자신들의 타깃 고객과 잘 만나고 설득 및 적절한 소통의 방법을 찾으면 다행인데, 대부분의 기업은 그렇지 못한 상황이거든요. 과도기적인 혼란이나 시행착오를 계속 겪고 있는 중이죠.

지금 벌써 많이 생겨나고 있지만 앞으로는 전문적인 에이전시가 더 많이 나올 것이고, 기업은 이들과의 협업 구조 속에서 자신의 고민을 풀어갈 것으로 보입니다.

강정수 박사　　동의합니다. 저는 수많은 에이전시가 나올 수밖에 없는 상황이라고 생각하고요. 여러 종류의 에이전시가 유튜브로 올 것으로 보여요. 예를 들어 네이버에서 활동하던 에이전시가 유튜브로 들어와도 장사할 수 있는 시장이 있다고 생각하고요. 전통적인 광고 에이전시가 들어와도 장사가 되는 시장이고요. 누가 들어와도 기본으로 뭔가를 할 수 있다고 보고 있습니다.

에이전시의 경우 자신이 어떤 분야를 잘하는지, 이게 유튜브에서 어떻게 적용될 수 있는지 찾아보면 길이 있거든요.

김경달 대표　　다만 데이터 기반의 예측 서비스, 데이터 인텔리전스가 앞으로는 더욱 중요해질 텐데요. 에이전시들도 이 부분에 대한 대비와 분석 노하우가 필요할 것 같습니다. 그래야 자신들의 특성을

바탕으로 유튜브에서 성공할 수 있는
방법들을 찾아낼 수 있습니다.

수많은 에이전시가
유튜브로 들어올 거예요.
네이버에서 활동했던
에이전시가 유튜브로
들어와도 장사할 수 있는
시장이 있고요.
전통적인
광고 에이전시가
들어와도 장사가 되는
시장이고요.

공공영역에서의 유튜브, 어떻게
운영해야 할까?

김경달 대표　　　이번에는 공적인 영역에서의 유튜브 활용은 어떻
게 이루어져야 하는지를 짚어보겠습니다. 공공기관의 경우 정책적
인 이슈를 갖고 설득 커뮤니케이션을 하게 되는데요. 고객 접점을
만드는 것도 중요하지만, 그것보다는 어떻게 정책을 효과적으로 전
달하는가에 대한 이슈가 더 중요한 부분이 되어야 할 것 같습니다.

강정수 박사　　　공공기관의 홍보는 새로운 정책과 국민들에게 혜
택이 되는 서비스를 알리는 것이 목적이죠. 이것을 저는 지식 콘텐
츠로 보고 있습니다. 그래서 공공기관의 유튜브 홍보가 성공하기 위
해서는 지식 콘텐츠가 전달되는 유튜브의 매커니즘을 찾아내는 것
이 중요합니다.
　유튜브의 가장 큰 특징은 내 콘텐츠가 혼자만 존재하는 것이 아니
라 유튜브의 추천 시스템에 의해 연결되고 확장된다는 점이거든요.

여기에 어떻게 하면 추천되게 만들 것인지를 고민하는 게 필요합니다. 유튜브는 전체 콘텐츠의 70%가 추천시스템에 올라온 콘텐츠를 통해 소비되고 있어요. 이 추천시스템을 알아내고 거기에 어떻게 우리 커뮤니티를 배치시킬 것인지가 중요한데, 아직까지 그에 관한 연구는 미흡한 것 같아요.

또한 공공기관의 콘텐츠는 정책에 대한 정부의 입장을 잘 보여주는 것이 가장 우선이라고 생각합니다. 이것에 어울리는 문법을 찾아내는 것이 중요하고요. 기업에서 뜨는 콘텐츠라고 고민 없이 그대로 공공기관의 콘텐츠로 확장하는 것은 문제가 있다고 봐요.

정부는 철저하게 지식 콘텐츠의 방향으로 유튜브의 생태계에 어떻게든 끼어들어 가야 하는 거죠. 사실 지식 콘텐츠의 표현 방법도 유튜브에서 찾아보면 무척 다양하게 많거든요.

어그로를 끌어서 사람 수를 늘린다고 그것이 지속가능한 모델은 아니라는 것을 알고, 공공채널은 공공채널로서의 지속가능한 경로를 찾아야 한다고 봐요.

사실 사람들은 필요할 때 공공정보를 찾아보잖아요. 그때 적재적소에 공공의 정보가 들어가 있게 하는 것이 무엇보다 중요하죠. 공공의 정보는 이럴 때 찾기 쉽게 만드는 것이 역할이라고 생각합니다. 또한 필요하고 찾고자 할 때 바로 답을 줄 수 있도록 채널을 운영하는 것이 중요합니다.

김경달 대표   국민이 찾고 원할 때는 바로바로 연결되며 궁금증이 해소될 수 있게 배치하는 것이 좋겠지요.

강정수 박사   요즘 유튜브에서 레트로가 유행을 하고 있잖아요. 저는 그 이유가 재미의 문제만은 아니라고 봐요. 워낙 여러 콘텐츠들이 혼재되다 보니, 사람들이 이미 좋아하는 것이 검증되고 공인 된 콘텐츠가 다시 인정을 받은 것이죠. 과거의 권위로부터 콘텐츠의 신뢰도를 확보하려는 것이 레트로라고 보기 때문에 이 트렌드는 당분간 지속될 것으로 봅니다.

인플루언서와 협업을 하는 방식도 같은 이유 때문이에요. 인플루언서를 쓰면서 도달관리가 제대로 안 되면 안 되고요. 우리가 제공하려고 하는, 사람들이 찾을 때 바로 있는 정보의 신뢰도를 높이는 쪽으로 인플루언서와 협업해야 합니다.

김경달 대표   현재 그런 신뢰를 이 상황에 맞게 충분히 생산해내지 못하고 있으니 레트로 같은 권위를 보충해줄 만한 것이 필요한 것이겠죠. 아직은 미흡해 보이지만 그래도 어느새 공공부분에서도

> 공공기관의 홍보는 새로운 정책과 국민들에게 혜택이 되는 서비스를 알리는 것이 목적이죠. 이것을 저는 지식 콘텐츠로 보고 있습니다. 그래서 공공기관의 유튜브 홍보가 성공하기 위해서는 지식콘텐츠가 전달되는 유튜브의 매커니즘을 찾아야만 하죠.

요즘은 많은 시도를 하는 것 같습니다.

강정수 박사   2020년에는 사회적으로 유튜브가 대단히 일반화
될 것이라고 봅니다. 이와 관련된 어마어마한 변화가 2019년보다 더
커질 것으로 보이고요. 이걸 잘 준비한 기업이라든지 에이전시가 잘
살아남을 수 있고 성장의 기회들도 찾을 수 있을 것으로 보입니다.
공공기관 또한 자신의 성격과 맞는 정보 콘텐츠를 통해 국민들이 커
뮤니케이션을 노력하는 곳이 좀 더 좋은 성과를 가져오지 않을까 싶
고요.

넥스트 유튜브, 방향은?

김경달 대표   마지막으로 넥스트 유튜브의 방향을 살펴보면 좋
겠습니다. 실제 유튜브는 어떻게 변할지, 유튜브의 대안은 무엇인지
살펴보겠습니다.

강정수 박사   많은 이야기가 있을 수 있겠죠. 틱톡이 넥스트 유
튜브라고 보는 분도 있고, 페이스북이 틱톡과 같은 서비스를 선보인
다는 이야기도 있고요. 저도 틱톡이 글로벌하게 영향력을 가져갈 것

으로 보긴 하지만 특정한 제한된 포맷으로는 한계가 있을 것으로 보입니다. 유튜브에서는 틱톡 같은 형식의 영상도 가능하기 때문이죠. 제가 보기엔 유튜브는 약간 거대한 우주 같다는 생각이 들어요. 다양한 흐름을 빨아들이는 측면에서요.

그렇다면 유튜브 다음의 서비스는 무엇일까? 트위치 같은 경우 게임에서 시작되어 지금 전반적으로 확장되고 있는데요. 이게 두 번째 우주가 될 수도 있겠죠. 그러면서 첫 번째 우주인 유튜브와 상호 공유가 되거나 아니면 충돌할 수도 있을 것이고요.

다른 측면으로는 유튜브의 대안적인 형태가 생길 수도 있을 것 같습니다. 웹에도 다크 웹이 있듯이 안티 유튜브가 생긴다거나, 갈등을 조절하다 결국 해결되지 못할 경우 마치 유럽 연합에서 어떤 국가가 떨어져 나가듯이 특정 국가는 아예 유튜브를 금지하거나 서비스를 막아놓거나 국가별로 빈약하지만 비슷한 서비스를 만든다거나 하는 현상도 생길 수 있다고 보입니다.

넥스트 유튜브에서는 유튜브의 다양한 기능들이 쪼개진다든지, 아니면 규제된다든지 하는 문제가 좀 더 첨예하게 드러날 것으로 예상돼요.

유튜브는 어떻게 보면 우리의 세계를 드디어 처음으로 담은 플랫폼이란 말이에요. 정말 좋은 콘텐츠부터 즐겁고 유익하고 재미있는 콘텐츠, 나쁘고 사기꾼 같은 콘텐츠까지 다 들어갔거든요. 작동하는

새로운 서비스가
유튜브를 대체하는 것은
힘들다고 봅니다.
이미 유튜브에 세상이
한 번 담겼기 때문이죠.
**유튜브 스스로가 새롭게
진화하는 방향으로 갈
것으로 보여요.
유튜브의 형식을
업그레이드하는
방향으로 발전하겠지요.**

원리는 돈의 힘이고요.

저는 유튜브라는 서비스를 버리고 새로운 서비스가 이를 대체한다는 것은 조금 거칠게 말해서 불가능하다고 봅니다. 이미 유튜브에 세상이 한 번 담겼기 때문이죠. 유튜브 스스로가 새롭게 진화하는 방향으로 갈 것으로 보입니다. 유튜브의 형식을 업그레이드하는 방향으로 발전할 것으로 보고 있어요. 아니면 다양한 분화가 이루어지든가요.

김경달 대표 좀 더 추론해보면 처음에는 유튜브를 멀티미디어 동영상 서비스 플랫폼으로 제한적으로 봤어요. 그런데 서비스가 발전하면서 세상이 이 유튜브 서비스 안에 다 들어가는 구도가 되면서 넓어졌고, 사회기반 인프라처럼 되었어요. 틱톡과 같은 경우에는 서비스적인 측면에서는 또 다른 거대 플랫폼의 역할을 할 것으로 보이고요. 넥스트 유튜브를 살펴볼 때 이런 서비스적인 흐름을 중요하게 체크해야 합니다.

유튜브의 글로벌한 영향력 때문에 중국이나 러시아처럼 아예 벽을 쳐버리는 경우도 생길 것 같습니다. 이런 분산적인 환경을 만들어내는 의식적인 작용이 일어날 수도 있고요.

또 하나는 유튜브의 법제도적인 정비 이슈도 있겠지만, 여하간 유튜브의 부정적인 문제, 사회적 문제를 어떤 형태든 규제하는 모습이 등장할 것으로 보입니다.

강정수 박사　　그렇죠. 그렇다고 하더라도 유튜브 자체를 없애기는 힘들다고 봐요. 우리가 책이라고 했을 때, 어떤 책의 종류를 규제할 수는 있어요. 아니면 금서 목록이 생기던가요. 그렇다고 책을 금지할 수는 없잖아요. 특정 신문을 폐간시킨 적은 있어도 신문을 없애지는 않았던 것처럼, 유튜브에서 특정한 문제점들을 지적하고 고치고 강력한 규제가 들어갈 수는 있지만 동영상 커뮤니케이션이라는 것을 없앨 수는 없거든요.

저는 유튜브를 그 정도의 미디어 변화로 봐요. 어떤 미디어 장르를 국가가 금지시킬 수 없는 것처럼 이미 유튜브는 하나의 장르가 되어 버린 거죠.

김경달 대표　　맞습니다. 유튜브란 이름을 단 이 서비스의 양식은 변화하거나 이름이 바뀌거나 할 수 있지만, 커뮤니티가 연결된 멀티미디어 콘텐츠 중심, 동영상 중심 플랫폼의 양식은 없어지는 것이 아니라 계속 진화해갈 것 같네요.

　　마지막으로 이용자들의 유튜브 리터러시에 대한 부분을 이야기해 보는 것이 좋겠습니다.

　　우리가 유튜브 추천피드에서 보여주는 영상을 마구 눌러서 보다 보면 나도 모르게 다양한 콘텐츠에 노출되어서 휘둘리기 십상인데요. 과연 이용자는 콘텐츠 소비를 어떻게 건강하게 할 수 있을까? 특히 교육적 측면에서 유튜브를 어떻게 활용하는 게 좋을지 고민되는 부분이 많거든요.

강정수 박사　　저는 유튜브 리터러시는 다양한 층위에서 봐야 한다고 생각해요. 젊은 세대들은 그들만의 문화 속에서 유튜브 리터러시를 익혀갈 것이고요. 이제는 나이든 분들도 직접 유튜브 영상을 만드는 시대거든요. 이런 상황에서 어떻게 단일한 교육으로 해결할 수 있겠어요. 어느 정도는 직접 유튜브를 하면서 학습이 이루어져야 되는 것이고, 일반적인 교육도 함께 이루어져야 되겠죠.

유튜브가 사회 인프라처럼 다양한 층위로 넓고도 깊게 진화해가는 상황 속에서 유튜브 리터러시 또한 단일한 잣대의 단발성 교육보다는 소통형의 쉽게 체감하고 이해할 수 있는 형태로 발전시켜 가야 할 것으로 보입니다.

김경달 대표　네. 동감합니다. 유튜브가 사회 인프라처럼 다양한 층위로 넓고도 깊게 진화해 가는 상황 속에서 유튜브 리터러시 또한 단일한 잣대의 단발성 교육보다는 소통형의 쉽게 체감하고 이해할 수 있는 형태로 발전시켜 가야 할 것으로 보입니다.

　이상으로 저희가 2020 유튜브에 대한 이야기를 나눠 보았습니다. 오늘 논의된 사항들이 하루가 다르게 변화하는 유튜브 세상을 이해하는데, 조금이라도 도움이 되었으면 좋겠네요. 의미있는 의견을 많이 나눠주셔서 감사합니다.

강정수 박사　감사합니다.

특별부록

C-ROCKET CONFERENCE

CR RESEARCH LAB

콘텐츠, 로켓을 쏘다!

씨로켓 컨퍼런스, 모바일 콘텐츠의 방향을 찾다

우리나라 전통 미디어의 노화 현상이 뚜렷하다. 그만큼 젊은 소비자와 전통 미디어의 연결성이 약화됐고, 기업은 소비자와의 접점을 잃었다. 그 빈 공간을 플랫폼 사업자가 검색광고와 디스플레이 광고로 채워왔다.

온라인 콘텐츠가 빠르게 진화하고 있다. 콘텐츠는 타깃 소비자를 팬으로 진화시켰고, 콘텐츠와 팬 사이에 형성된 접점을 기반으로 다양한 콘텐츠 마케팅이 시도되고 있다.

씨로켓(C-ROCKET)컨퍼런스는 실험 단계를 넘어 시장의 주요한 주체로 성장하고 있는 콘텐츠 사업자들이 소비자를 찾는 기업과 만나고 소통하는 장이다. 지난 실험에 대한 성찰과 함께 새롭게 형성된 시장의 비전을 이야기하고, 콘텐츠와 팬, 그리고 기업 사이의 새로운 관계를 만들어나가기 위해 다양한 주제로 진행되고 있다.

지난 2년간 씨로켓 컨퍼런스에서 발표된 내용 중 주목을 끌 만한 브랜드와 크리에이터의 핵심 키노트를 소개한다.

2020 씨로켓 컨퍼런스는 2020년 5~6월 중에 개최될 예정이다. 자세한 사항은 씨로켓 홈페이지(www.c-rocket.net)에서 찾아볼 수 있다.

▶ **Neo Drama & Entertainment :**
드라마와 예능의 새로운 방향

2019년 씨로켓 컨퍼런스는 '급변하는 뉴미디어 시장. 그 최전선에서 그들은 어떻게 하고 있는가'를 주제로 2019년 6월 19일, 6월 20일 양일간 광화문 올레스퀘어 드림홀에서 진행되었다.

C-ROCKET 1.   72초TV 성지환 대표
콘텐츠스타트업이 공룡 시장에서 살아남으려면?

작은 스타트업이 살아남을 수 있는 방법은 좀 더 우리의 특성을 예리하게 만드는 것뿐이다. 72초TV는 기존에 없었던 새로운 형식의 콘텐츠를 만드는 것이 강점이었다. 우리는 좋은 콘텐츠들의 씨앗을 개발해내고, 많은 사람들이 그걸 활용하고 또 즐길 수 있도록 하려고 한다.

C-ROCKET 2.   와이낫미디어 이민석 대표
공감과 정서적 연대가 콘텐츠 바이럴의 핵심

콘텐츠가 어디서 어떤 소비자와 만나는가가 중요한 시대다. 성공하는 콘텐츠는 아이돌 그룹이 성장하는 것과 같다. 아이돌처럼 팬들과 연대감을 키운 콘텐츠가 영향력도 높고, 다양한 콘텐츠 비즈니스도 가능하다. 콘텐츠의 팬덤을 지속해야 바이럴도 성공한다.

C-ROCKET 3.   모모콘 이재국 본부장
콘텐츠의 수준이 수익을 결정한다

<효리네 민박>의 경우 시즌1 때 카메라만 100대를 놨다고 한다. 유튜브 시대에는 대부분 카메라 1대를 갖고 영상을 찍는다. 이제는 카메라 1대와 100대의 싸움이 되었다. 우리는 우리가 잘 만들 수 있는 콘텐츠에 집중한다. 콘텐츠의 수준이 수익을 결정하기 때문이다..

C-ROCKET4.   스페이스오디티 김홍기 대표
브랜드가 음악을 만났을 때

모바일 시대에 브랜드와 음악이 만나면 무슨 일이 벌어질까? 브랜드의 OST나 주제곡뿐만 아니라 가사, 앨범 이미지나 설명, 뮤비나 노래하는 라이브 등 음악의 수많은 요소

가 브랜드와 결합해 새로운 콘텐츠로 탄생한다. 앞으로 음악과 브랜드가 같이 할 수 있
는 것은 훨씬 더 많아질 것이다.

▶ New Wave, Creator :
유튜브 크리에이터 콘텐츠의 성공 이유

C-ROKET 5. '영국남자' 운영자 조쉬(Josh)
크리에이터는 커뮤니케이터다

지속성과 수익성을 확보하기 위해서는 크리에이터가 콘텐츠 창작자의 단계에 머물러서는
안 된다고 생각한다. 우리가 정의하는 크리에이터는 콘텐츠를 기반으로 커뮤니티를 만들
고 소통하고 확장하는 사람들이다. 콘텐츠를 만드는 사람을 넘어선 커뮤니티를 빌드업 하
는 사람들인 것이다. 강력한 커뮤니티를 이끄는 크리에이터는 브랜드에서 먼저 찾고, 함께
협업하기를 원한다.

C-ROKET 6. 'HOZZAA2, 반도의흔한애견샵알바생' 운영자 허지혜
B급 콘텐츠의 매력은 무엇일까?

광고를 어차피 봐야 한다면 재미있는 게 낫지 않을까? 그래서 B급 광고 수요가 늘었다고
본다. B급 광고의 매력은 하고 싶은 말을 직접적으로 할 수 있다는 점이다. 다음엔 어떤 이
상한 게 나올지 궁금해서 보게 된다. 일반 광고영상에서 느낄 수 없는 묘한 친숙함도 느껴
진다. 또한 신선한 콘텐츠라서 다시 찾아보고 싶어진다. 이렇게 거침없기에 사람들이 빠져
드는 것이다.

씨로켓 컨퍼런스는 기업이 중심이 된 브랜드 진영과 크리에이터를 주축으로 이루어진 창작 진영 사이의 소통의 접점을 강화하기 위해 매년 진행되고 있다.

▶ MCN, next Step :
MCN 생태계 구축을 위하여

C-ROCKET 7. 샌드박스네트워크 이필성 대표
크리에이티브가 일상화된 시대가 온다

정말 다양한 세부 관심사들이 유튜브를 통해서 충족되고 있다. 그 누구든 자신만의 아이디어가 있고, 끼가 있고, 콘텐츠가 있다면 유튜브를 만들 수 있다고 생각한다. 그리고 그

콘텐츠를 볼 사람들은 충분히 있다. 이제 크리에이티브가 일상화된 시대가 되었다. 좋은 콘텐츠는 언제나 사랑받는다.

C-ROCKET 8. 글랜스TV 박성조 대표
콘텐츠와 이용자는 어떻게 만날까?

유튜브는 많은 트래픽과 접점이 발생하고 있기 때문에 기본적인 플랫폼으로 갖고 가야 한다. 다만 한정된 리소스를 가지고 가성비 좋은 성과를 내려면 효과적인 접점을 찾아야 한다. 이용자 접점에서 콘텐츠가 보이고 경험하게 되어야 효과적이고 가성비 좋은 콘텐츠 마케팅에 성공할 수 있다.

▶ Community :
어떻게 사람들을 모을 것인가?

C-ROCKET 9. 디에디트 에디터 M&H
취향을 공유하면 설득된다

우리는 취향을 큐레이션 해주는 미디어다. 디에디트의 추천이 독특한 이유는 에디터의 캐릭터를 바탕으로 하기 때문이다. 이 취향을 공유하며 독자와 소통을 하다 보니, 브랜드와 독자의 사랑을 받는 것 같다. 미디어의 캐릭터에 탑승을 잘 하는 마케터가 성공적인 마케팅을 할 수 있다.

'콘텐츠로 로켓을 쏘자!'는 슬로건으로 콘텐츠 마케팅의 다양한 인사이트를 공유한다.

C-ROCKET 10. 더파크 정우성 대표
우리는 취향공동체를 지향한다

'시간이 소중한 우리를 위한 취향 공동체'를 만들고 싶다. 그래서 이름이 '더파크'다. 우리가 본 영화와 드라마, 읽은 소설, 사랑하는 자동차와 술 등에 대해 '수다'를 떤다. 카툰으로 동영상을 제작하기도 하고, 오디오클립으로 길게 수다 떨기도 한다. 글도 쓴다. 브랜드 협업은 더욱 풍성한 콘텐츠를 만들 수 있는 좋은 기회다. 브랜드와 제품을 얘기할 때 협업의 방식은 새로운 접근을 할 수 있는 돌파구가 된다.

C-ROCKET 11. 트레바리 윤수영 대표

삶의 취향이 같은 사람들을 모은다

우리는 '지금 내가 어떤 삶을 살고 싶은 사람인가' 하는 정체성을 위주로 사람들을 연결하고, 가치관, 관심사, 취향이 같은 사람들끼리 모이게 하려고 한다. 독후감을 반드시 받는 이유는 사람들이 정제된 생각을 갖고 만날 수 있도록 하기 위해서다. 그러다 보니 대화가 늘어났고 커뮤니티 플랫폼이 되었다.

▶ Recap :
전통미디어의 새로운 시도는?

C-ROCKET 12. SBS 모비딕 박재용 팀장

콘텐츠, TV와 모바일 사이를 헤엄치다

모비딕의 방향성은 3가지다. 첫 번째는 프리미엄이다. TV-디지털 모두를 만족하는 콘텐츠를 만들어간다. 두 번째는 플랫폼과의 적극적 제휴이다. TV와 디지털 플랫폼 간 가교 역할을 한다. 세 번째는 사업 포트폴리오의 다양화다. 이를 통해 'Next SBS'로 불릴 만한 멋진 모비딕이 되고자 한다.

C-ROCKET 13. JTBC 스튜디오 룰루랄라 박정재 팀장

트랜스미디어 콘텐츠로 승부한다

트랜스 미디어에서는 시청자들이 더욱 공감하는 콘텐츠를 만들어야 한다. 온라인 댓글을 독후감 쓰듯이 달고, 친절하게 점수까지 매겨주는 시청자를 만들기 위해 스튜디오 룰루랄라는 더 풍부한 콘텐츠를 만들어가려 하고 있다. 이를 통해 지속가능한 스튜디오로 남기를 바란다.

▶ Media Commerce :
콘텐츠와 커머스가 만날 때

C-ROCKET 14. 쿠캣 이문주 대표

콘텐츠와 커머스의 만남, 쿠캣의 전략

'오늘 뭐 먹지?'라는 푸드미디어를 기본으로 플랫폼과 PB제품까지 만든다. 온라인 베이스에 머무르지 않고 오프라인 행사와 타임딜 등 다양한 커머스 행사를 진행한 것이 효과적이었다. 쿠캣의 채널 파워를 높이는 것을 우선시했고 그 기반 덕분에 커머스 사업으로 자연스럽게 확장할 수 있었다. 콘텐츠 제작에 있어서는 트렌디하고 신박한 요소를 더하는 게 중요하다.

C-ROCKET 15. 우먼스톡 유승재 대표

콘텐츠는 커머스를 구원할 것인가?

커머스 플랫폼 파워가 부족할 때 SNS를 통한 이용자 유입은 절대적으로 중요하다. 이때 고려할 주요 요소들은 재미(Fun), 의외성(New), 유용성(Info.), 비교(Before vs. After), 오감 (Sizzle), 실증(Review) 등이다. 그리고 비디오커머스의 콘텐츠 제작경험을 통해 3가지 시 사점을 배웠다. 1단계, 시작하게 하는 힘(요란한 시작과 눈길 끌기 등)이다. 2단계는 몰입하게 하는 힘(드라마타이즈, 공감, 재미, 유머코드 등)이다. 3단계는 전환하게 하는 힘(욕망, 혜택 등) 이다.

▶ **Content Marketing/
Branded Content :**
콘텐츠 마케팅과 브랜디드 콘텐츠

C-ROCKET 16. 배달의민족 장인성 상무

함께 만드는 배달의민족 콘텐츠

배민의 브랜딩은 콘텐츠를 만드는 일이다. 광고 카피가 인기를 끌었을 때, 우리는 배민 신 춘문예를 만들었다. 누군가 툭 던진 아이디어에서 출발해 대규모 치믈리에 선발대회를 치 렀다. 우리가 이야기를 잘 하는 것보다는, 사람들이 배민의 이야기를 서로 잘 나누도록 이 야깃거리를 만드는 게 우리 브랜드 콘텐츠의 목표다. 또한 다양한 곳과의 협업은 혼자서 할 수 없는 일들을 하게 해준다.

콘텐츠는 타깃 소비자를 팬으로 진화시켰고, 콘텐츠와 팬 사이에 형성된 접점을 기반으로 다양한 콘텐츠 마케팅이 시도되고 있다.

C-ROCKET 17.   에스코토스 강함수 대표

브랜디드 콘텐츠, 전략이 되어야 한다

브랜드의 가장 큰 실수는 콘텐츠에 모든 걸 담으려 하는 것이다. 브랜드 메시지는 고객과 공감 포인트를 잡아야 한다. 사람들이 브랜드 콘텐츠에 기대하는 것은 특별한 경험과 이 벤트다. 이를 충족하기 위해서는 재미와 이야기, 정보를 제공하는 콘텐츠가 필요하다.

C-ROCKET 18. 닐슨코리아 황성연 박사

브랜디드 콘텐츠 효과측정 방법

브랜디드 콘텐츠를 여러 플랫폼으로 확장한 후 콘텐츠별로 데이터를 모으고, 어떻게 분석할 것인지 시뮬레이션 후 자료를 내고 반응을 살펴야 한다. 페이스북, 유튜브와 같은 디지털 미디어 플랫폼이 서로 다른 특성을 가진 데이터를 결합해 분석하면 새로운 효과 측정이 가능할 것이다.

▶ Upcoming Tech :
콘텐츠의 새로운 기술

C-ROCKET 19. SK브로드밴드 김성진 팀장

5G 미디어와 서비스

5G 서비스가 상용화가 본격적으로 시작되는 2020년부터는 5G가 가져오는 미디어의 변화로 인해 다양한 수익구조가 발생할 것으로 보인다. 4K라이브 방송이 끊김 없이 제공되면서 개인 방송도 현재 방송제작자 수준의 퀄리티와 포맷을 만들어낼 것으로 예상된다. 콘텐츠 소비 또한 폭발적으로 증가할 것이다.

C-ROCKET 20. SK텔레콤 최민혁 프로듀서

VR과 콘텐츠의 만남

모바일과 반대로 VR은 공간적(Spatial)이고 몰입적인(Immersive) 콘텐츠 경험 환경이다. 관객을 스토리 세상 속 한복판으로 데려다 놓는다. 그곳에 와 있는 것처럼 현존감(Presence)을 느끼는 관객은, 단지 보는 것이 아니라 그 세계를 공간적으로 '체험'하며 캐릭터 바로 앞에서 친밀한 감정적 관계를 맺게 된다. 나아가 VR 관객의 경험은 마치 '연기하는 것처럼' 가상 세계 속 자신의 정체성과 역할에 대해 상상하며 인터랙티브하게 콘텐츠를 체험하는 방향으로 발전하게 될 것이다.

▶ Media Startup & Content : 콘텐츠 기반, 뉴미디어 스타트업

C-ROCKET 21. 닷페이스 조소담 대표

미디어와 브랜드의 만남

닷페이스가 '브랜드 콘텐츠'를 바라보는 시선은 조금 다르다. 노출량이나 조회수보다는 브랜드의 관점과 가치, 해결하고자 하는 문제와 브랜드가 주고자 하는 느낌, 분위기를 잘 소화하는 게 훨씬 중요하다. 따라서 브랜드 콘텐츠의 체크리스트에는 다음과 같은 사항이 들어간다. 브랜드가 해결하고자 하는 문제를 이용자가 인식했는가, 그 문제를 내 문제처럼 공감하는가, 이후에 행동이 필요하다고 생각하는가, 브랜드가 의도한 행동을 해결책으로 보는가 등이다.

유튜브 트렌드 2020
알고리즘을 알아야 세상이 보인다

초판 2쇄 인쇄   2019년 12월 2일
초판 2쇄 발행   2019년 12월 6일

지은이   김경달, 씨로켓리서치랩
펴낸이   황윤정
펴낸곳   이은북
출판등록   2015년 12월 14일 제 2015-000363호
주소   서울 마포구 동교로12안길 16, 삼성빌딩2 4층
전화   02-338-1201
팩스   02-338-1401
이메일   book@eeuncontents.com
홈페이지   www.eeuncontents.com
인스타그램   @eeunbook

책임편집   배소라
디자인   이미경
마케팅   구경미, 황세정
인쇄   스크린그래픽

© 김경달, 씨로켓리서치랩 2019
ISBN 979-11-964752-6-0 (13320)